O BUSINESS!

TEDDY L. MORAES

O BUSINESS!

Guia de Inglês para Negócios

VIAGENS

CONTATOS COMERCIAIS

FEIRAS

VISITAS EMPRESARIAIS

REUNIÕES

APRESENTAÇÕES

© 2008 Teddy L. Moraes

Preparação de texto: José Muniz Jr. / Flávia Yacubian
Revisão de texto: Renato Potenza Rodrigues
Ilustrações: Carlito Cunha
Projeto gráfico e diagramação: Verba Editorial
Capa: Paula Astiz

Dados Internacionais de Catalogação na Publicação (CIP)
(Câmara Brasileira do Livro, SP, Brasil)

Moraes, Teddy L.
  O Business! : guia de inglês para negócios / Teddy L. Moraes.
– Barueri, SP : DISAL, 2008.

  Bibliografia
  ISBN 978-85-89533-97-3

  1. Inglês – Estudo e ensino – Brasileiros 2. Inglês comercial
I. Título.

08-05278   CDD-420.7

Índice para catálogo sistemático:
1. Inglês : Estudo e ensino 420.7

Todos os direitos reservados em nome de:
Bantim, Canato e Guazzelli Editora Ltda.

Alameda Mamoré, 911 - cj 107
Alphaville — BARUERI — SP
CEP: 06454-040
Tel./Fax: 4195 2811
Visite nosso site: www.disaleditora.com.br
Televendas: (11) 3226-3111
Fax gratuito: 0800 7707 105/106
E-mail para pedidos: comercialdisal@disal.com.br

Nenhuma parte desta publicação pode ser reproduzida, arquivada ou transmitida
de nenhuma forma ou meio sem a permissão expressa e por escrito da Editora.

Para eleborar este livro, contamos com a preciosa colaboração de Nair Mendes, que vive e trabalha na Inglaterra há mais de 18 anos. Em Londres, trabalhou no Departamento da Marinha da ONU e em diversas empresas britânicas, onde se aperfeiçoou no uso do inglês comercial.

Após concluir o Cambridge Proficiency in English, conheceu a Europa, África e Estados Unidos, quando teve a oportunidade de conviver com diferentes culturas. Morou no Brasil entre 1996 e 2002, onde ensinou inglês para executivos e participou da coordenação e elaboração de materiais didáticos e cursos de ensino da língua inglesa.

Atualmente trabalha como personal assistant na produção da BBC de Londres.

AGRADECIMENTOS

Gostaria de agradecer aos meus amigos e amigas por sua colaboração para a criação deste livro, na forma de depoimentos, idéias, críticas e opiniões.

Em especial, desejo deixar registrada minha sincera gratidão às seguintes pessoas:

Nair das Graças Mendes, competente professora de inglês para executivos, por suas sugestões nos mais variados assuntos e pela grande participação na elaboração desta obra;

Jorge Manuel Capelo Pereira, dinâmico administrador de empresas, por seu otimismo, suporte e incentivo;

Kerli Leite Bueno, brilhante administradora de empresas, por seu apoio e pelos comentários sempre construtivos;

Ozires Silva, engenheiro exemplar, dirigente de sucesso na iniciativa pública e privada e grande empreendedor, pela gentileza de prefaciar a obra.

Por fim, agradeço a vocês, prezados leitores, com quem tenho o prazer de compartilhar estas informações, por ajudarem a tornar este livro um sucesso...

Aos pais, Teddy & Nara

Sumário

Prefácio 21
Estrutura do Livro 23
Guia de Pronúncia 25
Introdução 27

Parte I – SITUAÇÕES GENÉRICAS
Capítulo 1 — Welcome to the English Language 31
Sotaque
Diferenças de pronúncia
Letras e Sons
Capítulo 2 — Comunicação 39
O processo da comunicação pessoal 41
Comunicação verbal 42
Para temperar a conversa
    Interjeições
    Gap filling
Comunicação não verbal 49
Linguagem corporal
Mas não se engane
Moral da história
Capítulo 3 — Dicas Para Situações em Geral 55
Comportamentos e costumes 57
Aperto de mão
Acenos de cabeça
Contato visual

Sorriso
Apresentações pessoais
Conversação informal
Cumprimentos
Elogios
Espaço pessoal
Formas de tratamento
Informalidade
Modos de falar
Pontualidade
Toques pessoais
Sobre beijos e abraços
Falsos cognatos 66
Erros comuns 69
Apresentações
Between & among
Boa-noite
Conhecer lugares
Contáveis e incontáveis
Encontrar e conhecer pessoas
Funny
Haircut
John & Paul
Ordens
Please, excuse me & pardon me
Push & pull
Says
Outros erros
Verb tenses: present perfect & simple past
Ortografias americana e britânica 79
Expressões úteis 80

Sumário

Aconselhamento
Agradecimentos
Apresentações pessoais
Desculpas
Despedidas
Ênfase
Fugindo do assunto
Interrupções
Sendo educado
Solicitações
Tag questions
Curiosidades 83
Cores
Nacionalidades
Nomes familiares
Um pouco de história
   OK
   Cangurus
   Fuck

Parte II – SITUAÇÕES ESPECÍFICAS

Capítulo 4 — Contatos Telefônicos 89
Comportamentos e costumes 91
Calling cards
Chamadas telefônicas
Emergências
Mensagens gravadas
Para soletrar
Secretária eletrônica
Teleconferência
Zero
Falsos cognatos 95
Erros comuns 95

Vocabulário 96
Sinônimos americanos e britânicos 97
Expressões úteis 97
Curiosidades 98
Chamadas no Canadá
Roaming service
SOS
Capítulo 5 — Viagens e Negócios 101
Comportamentos e costumes 103
Recepção no aeroporto
Ônibus
Táxi
Aluguel de automóvel
Abastecimento
Estacionamento
Faróis acesos
Garagens
Gasolina
Guardas de trânsito
Guinchos
Modelos para alugar
Pedestres
Placas de automóvel
Regras de condução
Sistema métrico
Falsos cognatos 113
Erros comuns 113
Vocabulário 114
Aeroporto
Aluguel de automóvel
Táxi
Coach
Endereços
Shuttle
Subindo e descendo

Sinônimos americanos e britânicos 119
Expressões úteis 120
Curiosidades 120
Body shop
Sinais de trânsito
Woman's power
Capítulo 6 — Contatos Comerciais 123
Comportamentos e costumes 125
NEGOCIAÇÕES 125
    Preparação da negociação
    Dicas de negociação
Comércio internacional
Contatos técnicos
Contratos
Cronogramas
Diferenças de opinião
Feiras e exibições internacionais
No means no
Sistema de medidas
To be or not to be
Falsos cognatos 134
Erros comuns 135
Sons altos
Lembretes
Vocabulário 136
Contratos
Estande de exposições
Marketing de produtos
Autônomos e empreendedores
Terceirização
Sinônimos americanos e britânicos 140
Expressões úteis 140
Atendendo o cliente
Convidando
Dando detalhes

Demonstrando
Ressaltando um ponto
Ganhando tempo
Especulando
Perguntando dos planos
Recusando educadamente
Negociando
Buscando um acordo
Comentando uma proposta
Pedindo um tempo
Entrando em contato
Mantendo contato
Fechando negócio
Saindo
Curiosidades 143
Elementar, meu caro Watson
God save the Queen
Qüiproquó
Capítulo 7 — Visitas Empresariais 145
Comportamentos e costumes 147
RECEBENDO VISITAS
VISITANDO
   Planejamento
   Visita
   Acompanhamento
   Relatório
Falsos cognatos 149
Erros comuns 149
Armazéns e depósitos
Informática
Pessoal
Vocabulário 150
Companhias e fábricas
Tipos de empresa
Organograma da empresa

Sinônimos americanos e britânicos 155
Expressões úteis 155
Curiosidades 156
Colarinho-branco
Passa lá em casa
Who's the boss?
Capítulo 8 — Reuniões de Negócios 159
Comportamentos e costumes 161
Alemães
Americanos
Chineses
Japoneses
E nós, brasileiros?
Cartões de visita
Casual Friday
Críticas
Férias
Videoconferência
Make meetings work for you
Falsos cognatos 170
Erros comuns 170
Datas
Professionals
Siglas e abreviações
Lembretes
Vocabulário 172
Business
Papéis
Sinônimos americanos e britânicos 176
Expressões úteis 176
Expressões de negociação
   Negociando
   Concordando
   Discordando
   Sugerindo

    Dando opinião
    Pedindo opinião
    Verificando a compreensão
    Pedindo clareza
    Expressando-se com reserva
    Justificando-se
    Interrompendo
    Interrompendo educadamente
    Impedindo interrupções
    Direcionando a conversa
    Mantendo a conversa direcionada
    Finalizando

Curiosidades 185

Braço direito
Falências e concordatas
Fusos horários
Raças

Capítulo 9 — Apresentações de Negócios 189

Comportamentos e costumes 191

Preparação
    Quem não se comunica...
Apresentação de negócios — It is show time!
    Atitude
    Discurso
    Técnicas de apresentação
    Linguagem corporal — o termômetro de sua apresentação
    Críticas e perguntas difíceis
    Para falar sobre qualquer assunto
    Business services

Falsos cognatos 201

Erros comuns 202

E-mail
Explorar mercados
Xerox

Vocabulário 204

Análises
Estimativas
Eventos
Sinônimos americanos e britânicos 206
Expressões úteis 207
Cumprimentando
Desculpando-se de início
Objetivo
Iniciando
Dando um exemplo
Analisando um item da apresentação
Explicando de outra maneira
Dando uma opinião pessoal
Passando para o próximo tópico
Concluindo um item do tópico
Lidando com perguntas
Concluindo os tópicos
Finalizando a apresentação
Computação
Curiosidades 210
Brazilian English
Economia de palavras
Fazemos de tudo um pouco
Capítulo 10 — Finanças 213
Comportamentos e costumes 215
Bancos no exterior
Cheques
Contas bancárias
Dinheiro falso
Moedas
Denominação das moedas
Números
Falsos cognatos 224
Erros comuns 224
Economia e econômico

Rob & steal
Lembretes
Vocabulário 226
Cofres
Formas de pagamento
Let's talk about money
Pagamentos
Sinônimos americanos e britânicos 235
Expressões úteis 236
Curiosidades 236
Datas especiais e feriados bancários
Empréstimos ninja
Feriados
Capítulo 11 — Situações Sociais:
    Restaurantes / Recepções / Coquetéis 241
Comportamentos e costumes 243
Apresentações
Bate-papos
Bebidas
Brindes
Café
Hotel
Ovos
Refeições
Almoços de negócio, American style
Chegada e saída
Horários
Porções servidas
Tipos de preparo
Falsos cognatos 252
Erros comuns 254
Quantas pessoas?
Receber pessoas
Lembretes
Vocabulário 255

Doces e salgadinhos

Pães

Sinônimos americanos e britânicos 257

Expressões úteis 258

Curiosidades 259

Aviso de fechado

Rosquinhas e torradas

Sal e palitinho

Térreo e 13º andar

Temas atuais

Conversando como gente grande

Talking about sex

Well, I Guess This Is it 265

Tabelas de Conversão 269

Bibliografia 271

Índice de termos em inglês 273

Índice de termos em português 291

PREFÁCIO

O mundo está hoje sujeito a contínuas modificações. Praticamente todos os dias, cada ser humano tem de enfrentar o impacto de inovações que, de forma alucinante, modificam os dias e os negócios. As informações brotam dos mais variados setores, inundando as mentes e as atividades de pessoas, empresas, organizações e governos.

No processo de se compreender o que está acontecendo, a ferramenta básica de comunicação e de entendimento é a linguagem, fantástica criação, que deu ao homem o poder da diferenciação entre todos os animais, permitindo o desenvolvimento cultural e a extraordinária liderança do ser humano no planeta Terra.

Décadas atrás, imaginou-se que um dia a ligação entre pessoas, a comunicação, deveria ser global, mas naquela época, isso não era possível em face da insipiência das comunicações à distância. Todavia, o ritmo frenético de desenvolvimento da tecnologia surpreendeu a todos. Gerou alternativas de conexão, inicialmente via cabos de cobre, e, mais recentemente, por meio de satélites e fibras ópticas, colocando interlocutores frente a frente através da eletrônica, não importando a distância física entre eles.

É realmente um mundo novo, surpreendente e cheio de riquezas insuspeitas. No entanto, não basta a comunicação física, hoje proporcionada por inúmeros métodos da moderna eletrônica. É necessário uma linguagem comum. E isso está sendo resolvido pela língua inglesa de forma simples e direta, desde que se conheça sua estrutura e se possa utilizá-la com sabedoria e eficiência.

O livro de Teddy Lansac Moraes ajuda precisamente nesse aspecto, levantando o véu de certos vocábulos e expressões essenciais, na atualidade, para a comunicação empresarial. Desse modo, contribui para o entendimento do que se propõe e do que se concorda, estabelece e firma o diálogo.

O trabalho de Teddy vem num momento bom. Chega no instante em que quantidades de jovens entram no mercado de trabalho, encontrando pela frente um mundo complexo e difícil, porém caracterizando um real oceano de oportunidades para aqueles que, graças à cultura e ao conhecimento, vêm armados — como os antigos guerreiros — para vencer.

É uma contribuição, como a de tantas outras pessoas diferenciadas que, movidas apenas pelo desejo de colaborar, adicionam significativos tijolos ao edifício da sociedade brasileira, tão necessitada dos esforços dos muitos cidadãos brasileiros desejosos de ver pela frente um Brasil forte, justo e socialmente mais equilibrado.

Ozires Silva[*]

[*] *Engenheiro e consultor, é reitor da Unisa – Universidade de Santo Amaro – e presidente da OSEC – Organização Santamarense de Educação e Cultura. Um dos criadores da Embraer, ex-ministro da Infra-estrutura, ex-presidente da Petrobras e da VARIG, é também autor do livro* Cartas a um Jovem Empreendedor, *no qual relata sua vitoriosa experiência empresarial.*

ESTRUTURA DO LIVRO

Este livro divide-se em duas partes. A primeira trata de situações genéricas: reunindo elementos gerais de comunicação e comportamento, procuramos preparar o leitor para mergulhar no mundo da língua inglesa e da cultura anglo-saxônica, sempre do ponto de vista de brasileiros.

Fazemos uma introdução ao universo do inglês, abordando os fundamentos para uma boa expressão oral no idioma e demonstrando a importância dos elementos não verbais para uma comunicação efetiva

A segunda parte do livro trata de situações específicas que vivemos ao usar o inglês para negócios: viagens ao exterior para reuniões e apresentações, ou visitas de estrangeiros que estejam a negócios no Brasil.

Também são discutidos temas como: contatos telefônicos e comerciais, finanças, e situações sociais. Nesses capítulos, o leitor encontrará os seguintes tópicos:

Comportamentos e costumes – Observações sobre os hábitos de brasileiros e estrangeiros que falam inglês.

Falsos cognatos – Palavras que parecem ter um significado, mas têm outro.

Erros comuns – Alguns enganos freqüentes cometidos por brasileiros ao falar inglês.

Vocabulário – Palavras específicas associadas às situações discutidas.

Sinônimos americanos e britânicos – Maneiras distintas de americanos e europeus dizerem a mesma coisa.

O Business!

Expressões úteis – Algumas frases que podem expressar com exatidão o que queremos dizer, dentro das situações relatadas.

Curiosidades – Informações adicionais para conhecermos melhor a língua inglesa e alguns aspectos interessantes de culturas estrangeiras.

GUIA DE PRONÚNCIA

Mesmo pessoas fluentes no idioma podem, às vezes, esquecer alguns detalhes de pronúncia. Por isso, algumas palavras em inglês foram transcritas em sua forma fonética, com os sons que conhecemos do português. As transcrições aparecem entre colchetes [ ] sempre que necessário.

Essas transcrições são apenas aproximadas e representam um "inglês médio", pois seria impossível combinar todas as variações e sutilezas dos diferentes países de língua inglesa. Simplesmente, buscamos dar mais elementos ao leitor, para ajudá-lo a melhorar a pronúncia e, assim, facilitar sua comunicação com as pessoas que falam inglês.

Veja abaixo alguns símbolos especiais utilizados para transcrever sons específicos do inglês que não têm correspondência em português. Todos os demais sons foram transcritos com os fonemas do português, usando o alfabeto e a acentuação que já conhecemos.

Símbolo	Exemplo	Transcrição
æ	cat	[kæt]
î	fit	[fît]
â	but	[bât]
û	book	[bûk]
œ	ago	[œgou]
wr	red	[wréd]
fh	bath	[béfh]
dh	this	[dhis]

Quando houver dúvida quanto à sílaba tônica, ela estará sublinhada:

Elevator   [élœv<u>ê</u>itœr]
Paragraph [p<u>æ</u>rœgræf]

As letras "k", "w" e "y" estão incorporadas ao português segundo o "Acordo Ortográfico da Língua Portuguesa".

Vejamos, então, como ficam todas as letras em ordem alfabética, com suas respectivas pronúncias:

A [ei]   B [bi]   C [ci]
D [di]   E [i]   F [éf]
G [dji]   H [eitch]   I [ai]
J [djei]   K [kei]   L [él]
M [ém]   N [én]   O [ou]
P [pi]   Q [kiu]   R [ar]
S [és]   T [ti]   U [iú]
V [vi]   W [dâblœiu]   X [éks]
Y [uai]   Z [zi] (EUA) ou [zéd] (Reino Unido, Canadá)

INTRODUÇÃO

Vivemos um processo crescente de globalização, em que fica cada vez mais evidente a importância de uma boa comunicação. Nos negócios, o uso da língua inglesa é predominante. Comunicar-se bem em inglês tornou-se então um fator fundamental para o sucesso no mundo dos negócios internacionais.

As negociações com estrangeiros exigem um preparo especial. Quando viajamos ao exterior, a trabalho, nossas atitudes e posturas são continuamente avaliadas e projetam não só nossa imagem profissional, mas também a da empresa que representamos.

O objetivo deste livro é dar dicas, conselhos, orientações e muitas informações para que o profissional brasileiro, de qualquer área de atuação, possa munir-se dos melhores recursos lingüísticos e culturais para obter sucesso aqui e no exterior, utilizando a língua inglesa com propriedade e conhecimento em situações de negócios com estrangeiros.

Nossa proposta não é ensinar inglês às pessoas que já o utilizam no ambiente profissional, e sim ajudá-las no aperfeiçoamento da língua para os negócios. Diferentemente de um guia de conversação para viagens, procuramos fazer uma obra de leitura agradável, que também possa ser utilizada para consultas e como referência.

São abordadas situações comuns de trabalho, como telefonemas, visitas a empresas, reuniões, apresentações de negócios, recepções etc., que ocorrem freqüentemente quando desenvolvemos relações comerciais internacionais.

A conversação é amplamente enfatizada, mas foram também incluídos alguns comentários sobre ortografia e gramática, sempre que necessário.

Buscamos dar a mesma importância ao inglês americano e ao britânico: apesar da enorme influência econômica dos Estados Unidos, o inglês britânico é ainda o mais utilizado na Europa e em muitos países do oriente.

Reunimos uma série de informações baseadas nas experiências vividas por profissionais brasileiros que desenvolveram carreira no exterior, em países de língua inglesa como os Estados Unidos, Inglaterra, Canadá e Austrália.

Por isso, os pontos de vista são sempre os de brasileiros que já moraram, trabalharam e viveram por algum tempo fora do país.

Aproveitamos suas experiências, observações e enganos acumulados ao longo dos anos e os reunimos nesta obra. Desse modo, você poderá desfrutar de conhecimentos que geralmente não constam de livros didáticos tradicionais e que são adquiridos somente após alguns anos de vivência internacional.

Estamos seguros de que o leitor com qualquer nível de fluência em inglês encontrará aqui informações úteis, novas e interessantes. Este livro é dedicado, em especial, a todos aqueles que fazem do inglês uma ferramenta profissional.

Afinal, é como costumam dizer:

Learn from the mistakes of others.
You can't live long enough to make them all yourself...

Parte I
SITUAÇÕES GENÉRICAS

1
Welcome to the English Language

Welcome to the English Language

O inglês possui muitos sons específicos bastante distintos daqueles com os quais estamos acostumados em português. A grafia das palavras não mostra as sílabas tônicas e nem sempre indica a maneira de falar. Como também não há regras (*rules*) definidas de fonética, pronúncia ou tonicidade (*stress*), temos de aprender com a prática.

Uma das dificuldades que nós, adultos, enfrentamos com a pronúncia em inglês é que, como já fomos alfabetizados em português, temos uma tendência natural de pronunciar as palavras do modo como elas são escritas. Só que, em inglês, esse raciocínio muitas vezes não funciona.

Para demonstrar as peculiaridades da língua inglesa, o pensador irlandês George Bernard Shaw imaginou um exemplo bastante simples e interessante.

Vejamos o que poderia acontecer se tomássemos algumas palavras conhecidas da língua inglesa como referência para tentar descobrir (*figure out*) a pronúncia correta de uma palavra desconhecida, como "*ghoti*":

Imagine se pensássemos assim:

"gh" pode ter som de [f], como em *enough* [inâf];
"o" pode ter som de [i], como em *women* [uímen];
"ti" pode ter som de [ch], como em *action* [ækchœn].

Com esse raciocínio, poderíamos até concluir que a pronúncia deveria ser igual à da palavra *fish* [fích]!

Estranho, não? Isso mostra que a pronúncia do inglês muitas vezes não corresponde em nada à maneira como as palavras são escritas.

Assim sendo, para que possamos realmente nos desenvolver nesse idioma, é necessário abandonar a idéia de bê-á-bá que nos ensinam em português.

Pessoas nativas da língua dão menos atenção à pronúncia das sílabas do que ao som das palavras como um todo e à entonação das frases. Muitas partes dos diálogos não são compreendidas pela perfeita percepção das palavras, mas através da semelhança dos sons com aquilo que era esperado, e também do sentido (*meaning*) geral daquilo que é falado naquela situação específica.

Ocorre que o interlocutor freqüentemente "adivinha" o que foi dito, entre as palavras que foram perfeitamente ouvidas e entendidas, por meio dos sons e do ritmo que são esperados, conforme o tipo de frase. Por isso a entonação é tão importante no inglês.

A frase *I have to get a cup of coffee* pode ser dita como *I hafta getta cuppa coffee*, que será compreendida por um nativo, porque possui todos os sons que ele está acostumado a ouvir dentro de uma situação particular de tomar café.

Se falarmos qualquer coisa que soe diferente disso, vai parecer estranho para uma pessoa de língua inglesa. Pode ocorrer, por exemplo, de uma palavra óbvia para um brasileiro como *cathedral* [kæfhídræl] não ser compreendida por uma pessoa de língua inglesa se for pronunciada [kæfhidræl]. O que para nós seria uma dedução óbvia daquilo que se pretendia dizer, para um nativo poderia ser incompreensível, porque os sons que ele teria ouvido não seriam os esperados, com os quais ele está acostumado.

Para nós, brasileiros, isso pode ser irritante e parecer falta de boa vontade (ou inteligência) de nosso interlocutor. Na verdade, é apenas o resultado da maneira como foram educados e estão habituados.

Por mais "carregado" que seja o sotaque de uma pessoa estrangeira falando português, na maioria das vezes conseguimos deduzir o que é falado. Com o inglês, isso não acontece com tanta freqüência. Pode ocorrer, por exemplo, que um texano que fale como o Pato Donald em certos momentos não se faça entender ao conversar com um britânico que fale como um nobre tradicional, mesmo tendo ambos sido educados em inglês.

É por situações como essa que eles mesmos costumam brincar, dizendo que britânicos e americanos são dois povos irmãos divididos (e não unidos) pela mesma língua.

SOTAQUE

Pessoas de diferentes regiões ou grupos sociais pronunciam as palavras de maneira distinta, influenciadas pelo meio em que vivem. Por diferenças de som, tonicidade, tonalidade e inflexão, palavras ou sentenças idênticas são ditas de modos diferentes.

O conjunto dessas diferenças na maneira de falar resulta nos vários sotaques (***accents***) próprios existentes. Em qualquer língua, todos nós temos um sotaque, que é como nossa marca registrada (***trademark***).

Mesmo entre membros de uma família, por exemplo, pode haver sotaques diversos. Trata-se, portanto, de uma característica individual, adquirida e desenvolvida ao longo da vida, de acordo com as experiências pessoais.

Quando viajamos a negócios para uma cidade onde o sotaque local seja bastante diferente do nosso, não é necessário que falemos exatamente como os habitantes de lá. Nossa preocupação maior deve ser com a clareza, para sermos bem compreendidos.

É claro que, se tentarmos alterar um pouco nossa maneira de falar para nos aproximarmos dos costumes locais, nossos esforços poderão ser notados como um sinal de flexibilidade e desejo de agradar, causando (***making***) uma boa impressão (***good impression***).

O mesmo acontece quando conversamos com estrangeiros. Quanto mais próximos da maneira de falar dessas pessoas, melhor será a comunicação. Mas só devemos nos preocupar com nosso sotaque quando ele afetar a compreensão entre as partes.

Ao falar inglês, muitas vezes nos esquecemos de alguns detalhes de fonética, muito peculiares da língua inglesa. Automaticamente, utilizamos algumas regras e correlações que aprendemos na língua portuguesa, e que transpostas para o inglês causam estranheza ao ouvinte nativo, podendo até gerar mal-entendidos.

Para que isso não ocorra, devemos aprender a pronúncia correta das palavras e tentar articulá-las completamente, como fazia o velho e bom Frank Sinatra, *Old Blue Eyes*, ao interpretar suas canções.

Para melhorar a pronúncia, devemos prestar bastante atenção ao modo de falar das pessoas nativas e procurar imitar (***mimic***) os sons, como faz uma criança. Mesmo que ainda não sejam alfabetizadas e não compreendam tudo que é dito, as crianças falam sem sotaque, somente imitando o que ouvem dos adultos. Com o tempo, esse processo se torna automático e nem precisamos mais pensar para fazê-lo.

DIFERENÇAS DE PRONÚNCIA

Veja uma dificuldade interessante, que ocorre mesmo entre nativos da língua inglesa, quando querem dizer se podem ou não fazer algo. Não haveria problema se as pessoas sempre dissessem *I can* ou *I cannot*. Porém, como não vivemos num mundo perfeito, *cannot* pode ser abreviado para *can't*, e aí começa a encrenca.

Numa conversação normal, muitas vezes a letra "t" não é pronunciada. Na pronúncia britânica, isso não chega a ser problema, pois eles dizem *can* [kæn] e *can't* [kan(t)] de maneira distinta. Já na maneira americana de falar, pessoas com preguiça de articular bem as palavras podem dizer *can* [kæn] e *can't* [kéen], sem pronunciar o "t". Aqui a diferença é muito sutil: na negação, o som é só um pouquinho mais longo, como o "én" de "qüénqüén".

Se isso às vezes causa confusão até entre quem fala inglês naturalmente, imagine conosco. Acabamos ficando em dúvida se a pessoa pode, afinal, fazer algo ou não. *Beware!*

Outra grande diferença entre os sotaques norte-americano e britânico ocorre no modo de pronunciar a letra "r". No inglês americano, usa-se o céu da boca e enrola-se bastante a língua, como no interior de São Paulo ou Minas Gerais.

Já no inglês britânico, ela é dita mais suavemente e, ao final das palavras, quase não é pronunciada. Por exemplo, se durante os anos 1970, alguns artistas brasileiros tivessem se exilado nos Estados Unidos e não na Inglaterra, talvez o seguinte refrão não tivesse sido composto:

I don't want to stay here
I wanna to go back to Bahia...

Isso porque a palavra *here* só rima com "Bahia" na pronúncia britânica: [ría], em vez de [ríer]. Na pronúncia americana, não haveria rima, e a canção "Quero voltar pra Bahia" teria de ser diferente...

Veja a seguir algumas dicas (**hints**) gerais de pronúncia:

• Diferentemente do português, o som das letras "m" e "n" em inglês nunca é nasalizado, e é pronunciado de maneira bem branda.
  • O fonema "on" tem som de [œn], pronunciado quase como [ân]:
    Exemplo: *Bill Clinton* [Bill <u>Clín</u>tân], *London* [<u>Lân</u>dœn].
  • O fonema "ey" tem som de [i]:
    Exemplo: *money* [<u>mâ</u>nî], *key* [ki]
  • Na pronúncia britânica, muitas palavras terminadas em "ar, er, or, our" são pronunciadas como [œ], praticamente sem o som do "r". Exemplo:

Rear [<u>wrí</u>œ]
Leader [<u>lí</u>dœ]
Anchor [<u>æn</u>kœ]
Labour [<u>lei</u>bœ]

Porém, se conversar com um escocês ou irlandês, dependendo da região, você vai notar que o "r" é bastante forte, pronunciado vibrando a língua entre os dentes, como no espanhol e no italiano. É uma pronúncia bem diferente, que nos dá até a impressão de que a língua oficial deles não é o inglês...

LETRAS E SONS

Nativos de língua inglesa, principalmente pessoas que trabalham com marketing, adoram brincar com os sons individuais de algumas letras do alfabeto e alguns algarismos. É comum encontrarmos anúncios com as seguintes inscrições e seus significados:

2U = *To you: Back 2U*
4U = *For you: Just 4U*
FX = *Effects: Special FX*
ICU = *I see you*
ICQ = *I seek you*
N'= *And: Fish N' Chips*
R = *Are: Toys R Us*
U2 = *You too*
XS = *Excess: INXS*
EZ = *Easy: EZ 4U*

Aliás, "EZ" só é usado em propaganda americana, já que ele não seria lido como *easy* na cultura britânica, que interpretaria essa inscrição como [izéd], tirando toda a graça do nome...

2
Comunicação

2
Comunicação

O PROCESSO DA COMUNICAÇÃO PESSOAL

Para que possamos nos comunicar com eficiência em qualquer língua, precisamos entender como funciona o processo de comunicação. Para isso, vamos rapidamente analisar o que ocorre quando duas pessoas conversam frente a frente.

A comunicação pessoal pode ser definida como uma troca de informações entre indivíduos através de um sistema de símbolos, sinais ou comportamentos comuns a ambos. No nosso caso, ela basicamente requer apenas quatro elementos: uma mensagem (idéias), um emissor (falante), um canal de comunicação (ar) e um receptor (ouvinte).

Primeiramente, a mensagem que o falante deseja enviar deve ser codificada em sons e/ou movimentos, para que possa ser transmitida pelo ar, o canal de comunicação. Em seguida, ela poderá ser transmitida, captada (sentida, ouvida e/ou vista) e decodificada (compreendida) pelo ouvinte.

Para isso, é necessário transformar as idéias em palavras e gestos que sejam conhecidos e possam ser compreendidos pelo ouvinte. Isso significa tentar falar inglês usando corretamente as palavras e estruturas gramaticais, além de se expressar numa linguagem corporal compatível com o que se está dizendo.

Se aquilo que você fala e faz representa exatamente as idéias que quer comunicar, então o ouvinte reagirá com uma resposta qualquer, também com palavras e/ou ações. Ele se torna, então, o falante, e você o ouvinte, e a comunicação prossegue, assim sucessivamente.

As reações do ouvinte (*feedback*) mostrarão ao falante se a mensagem foi transmitida com êxito e como ela foi recebida. Observando-as com atenção, poderemos continuar (*carry on*) o processo de comunicação e melhorá-lo.

Note também que a comunicação poderá ser prejudicada se sofrer interferências, que são fatores externos como ruídos, interrupções ou outras distrações. Devemos, portanto, tentar evitá-las.

COMUNICAÇÃO VERBAL

A comunicação verbal baseia-se em palavras e sons. Quando falamos ao telefone, por exemplo, não vemos nosso interlocutor e não conseguimos transmitir nem receber informações visuais. Os únicos elementos que podemos usar para a comunicação são verbais, como as palavras, a voz, e a entonação.

Nessas condições, podemos tornar a comunicação verbal mais eficiente se observarmos algumas recomendações.

Articular bem as palavras

Para tornar as frases mais inteligíveis, devemos procurar pronunciar bem as palavras. Quando falarmos em um idioma que não é o nosso, não podemos ter preguiça em movimentar os maxilares, a língua e os lábios. Apesar de parecer estranho para um ouvinte nativo, pois quem é fluente fala naturalmente de um modo relaxado, aquilo que dissermos de maneira bem articulada será mais bem compreendido, evitando mal-entendidos.

Falar num tom moderado, nem alto nem baixo demais

Se a ligação telefônica estiver boa e o assunto não for confidencial, não há motivo para sussurrar nem gritar (o que seria falta de educação). Converse normalmente.

Falar numa velocidade moderada, nem rápido nem devagar demais

Mesmo se formos muito fluentes, não devemos falar tão rapidamente como um locutor de futebol, nem tão lentamente como quem sofre de asma.

Evitar ser monótono, variando a entonação e procurando dar ritmo às palavras

Nada pior do que se expressar como um burocrata ao ler um discurso. Devemos colocar emoção ao falar, elevando um pouco o tom de voz ao dizer palavras importantes.

Evitar interrupções enquanto estivermos falando ou ouvindo

Fica difícil se concentrar numa conversação, se houver distrações externas. Procure eliminá-las: não rabisque papéis, não leia, nem faça outras coisas enquanto conversa. Feche a porta para que o ambiente fique mais silencioso.

SABER OUVIR

Essa é uma qualidade que podemos desenvolver. Para aprender a ouvir, devemos:

- **Parar de falar**

É a regra mais importante, pois todas as outras dependem dela. Não podemos ser bons ouvintes enquanto estivermos falando. *Keep quiet.*

- **Prestar atenção**

Acostume-se a ouvir com o objetivo de compreender, em vez de simplesmente responder. Seja "todo ouvidos", demonstrando sua ***undivided attention***.

- **Deixar quem fala à vontade**

Ajude quem estiver falando a sentir que tem liberdade de expressão.

• **Mostrar que quer ouvir**

Para demonstrar interesse, podemos utilizar frases do tipo:
Do/Did you really?
So, you don't agree with them? In what way?
What makes you feel that? Tell me about it.

• **Desenvolver empatia com o interlocutor**

Devemos mostrar solidariedade, compreensão e cumplicidade com quem está falando. Se nos contarem más notícias, podemos usar:
What's wrong?
I'm sorry to hear that!
Oh dear! So sorry to hear that!
Se ouvirmos boas novas, podemos dizer:
Really? That's nice!
Wow! That's wonderful!
I'm pleased to hear that!

• **Ser paciente**

Não interromper, dar tempo à pessoa para falar. O ritmo de quem estiver falando pode ser lento, ela pode fazer algumas pausas, ou ter muitas coisas para dizer.

• **Manter a calma**

Quando perdemos a calma, além de podermos ter um branco mental (***go blank***), podemos interpretar mal o significado das palavras. *Keep cool.*
Nessas situações podemos dizer:
Calm down.
Oh. Don't get so upset about it!
Don't worry about it!

• **Evitar discutir ou criticar**

Críticas colocam as pessoas na defensiva, podendo irritá-las. Não discuta, pois mesmo quando você ganha um argumento ou discussão, no fundo acaba perdendo, porque se desgasta.

• **Fazer perguntas** (*to inquire, to enquire* [inkuáiwr])

Questões são estimulantes, pois indicam interesse e mostram que você está ouvindo. Uma técnica simples que pode ser usada é a do eco, na qual se repete a informação relevante (*relevant* [wrélœvœnt]) ao assunto. Exemplo:

A: *Last year I went to Israel.*
B: *Israel?*
A: *Yes, I stayed there for 3 weeks.*
B: *Three weeks? Wow!*
A: *That's right. I flew Air France, first class.*
B: *First class?*
A: *It wasn't very expensive, only R$5,000 reais.*
B: *Just R$5,000?*

Esse artifício funciona, mas não abuse, pois seu uso muito freqüente pode se tornar irritante.

PARA TEMPERAR A CONVERSA

Quando nos comunicamos em um idioma que não seja o nosso, um dos pontos fundamentais da conversação é dar o efeito correto àquilo que dizemos. Saber dizer as coisas com a intensidade desejada naquele momento pode ser tão importante quanto falar corretamente.

Em um diálogo, geralmente associamos o silêncio com a idéia de que não estamos sendo ouvidos ou levados a sério. Por isso, é importante fazer comentários ou emitir sons que indiquem atenção. À medida que nos contam algo, é comum usarmos interjeições, que servem para expressar emoções e dão a "deixa" (*cue* [kíu]) para que a pessoa continue falando.

Para aprimorar a conversa, além de caprichar na pronúncia e na gramática, devemos também adquirir alguns maneirismos próprios da língua inglesa e colocar um pouco de emoção nas palavras. Isso pode ser aprendido por quem vive alguns meses no exterior e pratica o inglês diariamente, por exemplo.

Como não temos todo esse tempo, reunimos algumas das interjeições mais comuns, para que possam ser conhecidas e usadas.

INTERJEIÇÕES

Sim: *Yeah* [ieé], *yep* [iêp], *ok/okay* [ôukei], *okeydoke* [ôukidôuki]
I'm having a party tomorrow, would you like to come?
Yeah!

Uh-huh [hã-rã] pode significar, *yes* ou simplesmente "estou ouvindo". Não significa necessariamente que a pessoa está concordando com a outra.

Não: *Nah* [næh], *nope* [noup], *uh-uh* [â-â]
Do you mind if I use the phone?
Nope.

Como?: *Huh?* [hã]
Would you like to work abroad?
Huh?

Dor: *Ouch* [óutch], *ow* [ou]
Let me see your tooth... Does this hurt?
Ouch!

Alívio: *Phew!* [fiu]
Everything went perfectly well, and our visitors were really impressed.
Phew!

Surpresa: *Oh* [oou], *gee* [djii], *uh-oh* [â-ou]
I think Mr. Spencer has moved out.
Gee!

Admiração: *Wow!* [uau], *Ooh!* [oou]
So, what do you think of my new office?
Wow!

Sabor: *Yum-yum* [iãm-iãm]
That pie looks delicious!
Yum-yum!

Desinteresse: *Blah* [bló]
How did you like the movie?
Blah!

Nojo: *Yuck* [iàk], *yech* [iæk], *ugh* [âg]
How can he eat this?
Yuck!

Óbvio: *Duh* [dââ]
The more we sell, the better we do.
Duh!

Atenção: *Hey* [rei], *hoy* [ôi]
Hoy! Come here, I didn't say you could go.

Hoy é uma interjeição tipicamente britânica, usada para chamar a atenção, como "ei" em português, e não significa *hello*. É um pouco rude.

Os britânicos também adoram usar a expressão informal e vulgar ***bloody*** [blœdi], que tem o sentido de "danado", "maldito", "droga de" ou "muito":
That bloody woman always calls me when I'm about to go to the loo!
His lecture was bloody good!

Os norte-americanos usam os equivalentes ***damn*** [dæm], ***damned*** [d<u>æ</u>mid] ou ***darn*** [darn], que também têm o sentido de "maldito", "diabos" ou "muito":
These damn panties are too tight!
She did a damned good job!
Darn, I can't finish my report!
A expressão *don't give a damn* significa "não ligar a mínima":
Frankly my dear, I don't give a damn!
(Clark Gable para Vivien Leigh, no final de *E o Vento Levou*).

Já a frase *I'll be damned* é uma antiga expressão de surpresa e apreensão. Quer dizer "puxa vida" ou "macacos me mordam" (aliás, quem diz isso hoje em dia?):
Look Robin, it's another dirty trick from Penguin!
Holy trap Batman, I'll be damned!

GAP FILLING

Freqüentemente, precisamos de tempo para pensar antes de responder a uma pergunta, principalmente quando conversamos em inglês e não entendemos muito bem o que foi dito. Mas não é preciso trabalhar numa salsicharia para saber "encher uma lingüiça". Podemos usar *fillers*, que são sons, palavras ou frases usadas para preencher intervalos (*gaps*) nas falas. Vejamos algumas técnicas:

Finja que não entendeu
I beg your pardon?
Pardon?
Sorry?
Eh?

Repita a pergunta
You want to know if I called Susan?

Use palavras que ajudam a atrasar a resposta
Well...
Mm...
Er...
It depends:

Essas técnicas devem ser empregadas com cuidado. Seu uso abusivo e muito freqüente, além de irritar o ouvinte, pode passar a imagem de que somos um pouco idiotas...

COMUNICAÇÃO NÃO VERBAL

Ao estudar o impacto de uma apresentação no público, pesquisadores norte-americanos estimaram que entre 35% e 45% da comunicação com a platéia vem da parte verbal; de 55% a 65% da comunicação vem da parte não verbal, a linguagem corporal. Da parte verbal, somente 15% do impacto provém das palavras; 85% do impacto provém da inflexão e da entonação.

Portanto, em termos de clareza da comunicação, a maneira de dizer as frases e a linguagem corporal (***body language***) que as acompanha são mais importantes que as palavras em si.

Por isso, para nos comunicar da melhor maneira possível, devemos usar todas as informações que tivermos a respeito do sistema convencional de símbolos, sinais e comportamentos utilizados na comunicação em inglês.

Felizmente, muitas dessas convenções são universais, e podem ser compreendidas tanto por um beduíno do Saara quanto por um esquimó do Ártico. A figura de um coração para expressar amor, um aceno de mão para chamar a atenção e um beijo para demonstrar afeto são padrões (***patterns***) compreendidos em praticamente qualquer parte do mundo.

Muitos estudiosos concordam que o canal verbal é usado para transportar uma informação, enquanto os canais não verbais servem para interpretar atitudes pessoais ou, em alguns casos, até para substituir a mensagem verbal.

Sempre que consideramos que alguém é perceptivo ou intuitivo, estamos nos referindo à sua habilidade de interpretar a comunicação não verbal. Em inglês, chamamos isso de *perception*, *intuition*, *hunch* (pressentimento) ou *gut feeling* (sentimento interior).

E quando as palavras não concordam com os gestos, temos a impressão de que a pessoa não está dizendo o que sente ou pensa, ou que está mentindo. Por isso, tão importante quanto as palavras é a expressão corporal correspondente.

LINGUAGEM CORPORAL

A linguagem corporal inclui postura, movimentos com as mãos, contato visual, o modo de lidar com o espaço em volta e a habilidade de utilizar toques sutis nos momentos (*timing*) apropriados.

Estudos indicam que a maioria dos gestos e expressões faciais inconscientes é universal e já nasce conosco. Já os gestos não naturais, que variam de cultura para cultura, podem ser aprendidos e aperfeiçoados ao longo da vida.

Acredita-se que a linguagem corporal também afete nosso humor e que, ao adotarmos certas posturas, podemos mudar consideravelmente nossa atitude mental. Uma pessoa que exibe uma postura positiva automaticamente mostra-se mais interessada, mesmo que esteja simplesmente representando. De qualquer maneira, o resultado é positivo.

Alguns exemplos de linguagem corporal básica:

Positiva

Braços separados, mãos abertas com as palmas viradas para cima, pés separados e sorriso indicam franqueza, honestidade, segurança.

Corpo inclinado (*leaning*) para a frente, braços e pés separados indicam interesse na conversa.

Sincronização de movimentos, que é o ato de espelhar ou copiar a linguagem corporal da outra pessoa, indica afinidade, autoconfiança e interesse.

Negativa

Braços e pernas cruzados constituem uma barreira defensiva e demonstram uma atitude negativa.

Segurar algo na frente do corpo é também uma típica postura de defesa.

Desviar o olhar é um sinal de desconforto ou falta de interesse em ouvir.

Mas não se engane

Saber interpretar corretamente a linguagem corporal pode ser uma ferramenta bastante útil, pois ela nos fornece indícios de como os negócios estão se desenvolvendo. Mas sempre desconfie, pois a linguagem corporal às vezes engana. Imagine a seguinte situação:

Estamos fazendo uma apresentação de negócios, em inglês, para importantes executivos asiáticos do Japão, Coréia e Tailândia. Durante nossa explanação, observamos os seguintes "sinais" enviados por parte da platéia:

- os senhores Aiki Shato e Midei Shakieto pareciam entediados e, por vezes, fechavam os olhos e ensaiavam um cochilo (*nap*);
- o senhor Tokon Sono tirava mesmo uma soneca (*snooze*);
- o senhor Rihu Nakara ficava sorrindo a toda hora, como se contássemos piadas;
- já a senhora Naomi Rita Sin balançava negativamente a cabeça, parecendo estar irritada e não concordar com nada do que dizíamos.

Que horror! Se fôssemos analisar apenas a linguagem corporal, nossa avaliação seria a de que a apresentação estava sendo um fracasso (*failure*).

Porém, todos esses sinais poderiam ter outra explicação. Vejamos:

- Os senhores Shato e Shakieto têm o costume, próprio dos japoneses, de fechar os olhos em sinal de concentração e atenção ao que está sendo dito. Eles não estavam cochilando e, pelo contrário, permaneciam muito atentos à apresentação;

• O senhor Sono, que veio da Coréia, havia acabado de chegar de um longo vôo de mais de 24 horas. No avião, uma criança chata chorou o tempo todo e não o deixou dormir. Apesar de estar muito interessado na nossa apresentação, ele não pôde resistir ao cansaço (*jet lag*) causado pelo longo vôo e pela diferença de fuso horário (*time zone*). Por isso, acabou adormecendo (*falling asleep*) durante a apresentação;

• O senhor Nakara, sendo tailandês, sorri naturalmente, e não só quando acha graça. Sorrir a todo momento é um costume típico de seu país;

• Já sua colega, a senhora Sin, que parecia não estar de acordo com nada do que dizíamos, na realidade concordava com tudo. Os tailandeses movimentam a cabeça de um lado para outro, como se dissessem "não", quando querem dizer "sim".

Na verdade, nossa apresentação podia estar muito boa, agradando à platéia.

Isso mostra que não podemos nos basear somente na linguagem corporal para tirar conclusões, principalmente quando nos relacionamos com pessoas de outras culturas. É preciso também conhecer alguns outros fatos e costumes, para fazer uma avaliação correta.

Como se vê, as aparências às vezes enganam...

Moral da história

Vimos que a comunicação engloba uma série de fatores, que vão muito além do simples conhecimento gramatical do idioma. Resumidamente, para nos comunicarmos eficientemente com pessoas de outros países, é importante que tenhamos:

• Conhecimento do vocabulário e gramática da língua;
• Cuidado com nuanças de linguagem e expressões corporais;
• Conhecimento de alguns usos e costumes do estrangeiro.

So, what's the point? Bem, ao lidar com estrangeiros, esteja preparado para compreender como as pessoas em outros países costumam interagir.
When in Rome, do as the Romans do.
Sabemos que a base de todo negócio é a confiança. Em situações comerciais, quanto mais nos aproximarmos das regras e convenções já conhecidas por nosso interlocutor, melhor será a comunicação, maior será a segurança e, conseqüentemente, maior a confiança. E, com confiança, fica muito mais fácil negociar!

3
Dicas para Situações em Geral

COMPORTAMENTOS E COSTUMES

Quando nos envolvemos com negócios internacionais, percebemos que manter *the right attitude*, um comportamento social adequado às situações, é tão importante quanto saber falar corretamente. *First impressions are the most lasting.*

Uma boa educação é sempre apreciada em todas as culturas. Por isso, as expressões a seguir devem fazer parte de qualquer diálogo, com qualquer pessoa:

Good day — good morning — good afternoon — good evening
Excuse me
Please
Thank you

Acostumando-se a usá-las com freqüência, no mínimo seremos considerados educados (***polite***). Assim, teremos mais chances de causar uma boa impressão inicial.

Quando formos apresentados a uma pessoa, não devemos abraçá-la, beijá-la, ou tocá-la, a menos que já se saiba que tais práticas fazem parte de suas culturas. O aperto de mão é o único contato físico que pode ser usado sem restrições, tanto por homens como por mulheres. Porém, se as pessoas estiverem à mesa, é recomendável que não se aperte a mão, por motivos de higiene. Nesses casos, cumprimenta-se somente com acenos e movimentos de cabeça.

Entre as expressões corporais que são universais, as mais importantes são:

Aperto de mão (*Handshake*)

Um firme aperto de mão ao encontrar pessoas é um procedimento usual em situações de negócios, em qualquer parte do mundo. Porém, alguns detalhes devem ser observados:

• Ao cumprimentar, ofereça a mão inteira, e não somente os dedos. Ela deve estar firme (***firm***) e seca: nada pior do que cumprimentar uma mão "mole" (***cold fish handshake***) ou molhada (***wet***);
• É recomendável movimentá-la uma ou duas vezes, para demonstrar um pouco de energia e emoção. Mais do que isso, já começa a ficar muito entusiasmado, parecendo que se está deslumbrado(a) (***dazzled***);
• Evite ser muito breve no aperto de mão, pois pareceria uma atitude burocrática e protocolar, como a de um político demagogo;
• Também é cortês levantar-se (***stand up***) da cadeira quando se é apresentado a alguém e for apertar a mão da pessoa;
• Para demonstrar atenção e consideração, devemos olhar nos olhos das pessoas ao cumprimentá-las, sorrir e balançar levemente a cabeça, de maneira positiva.

Um outro detalhe interessante: se ficarmos parados ao estender a mão, obrigando a outra pessoa a caminhar um pouco em nossa direção para apertá-la, automaticamente passamos uma imagem de que somos importantes. É um sinal sutil, que pode ser positivo ou, pelo contrário, demonstrar arrogância. Portanto, dependendo da imagem que queremos transmitir, devemos também estar atentos a esse tipo de detalhe.

Acenos de cabeça (*Nod & shake*)

Um aceno positivo com a cabeça (***nod***) não significa necessariamente que concordamos, mas apenas que estamos compreendendo. Mas não abu-

Dicas para Situações em Geral

se desse gesto, para não parecer um *yes-man*, uma pessoa sem opinião, que concorda com tudo.

Já um aceno negativo (*shake*) é usado, em geral, para fazer comentários sobre algo com o qual não se concorda. Também deve ser empregado com cuidado, para não parecer rude (*rude* [wruud]).

Contato visual (*Eye contact*)

Essa é outra importante expressão corporal que deve ser usada com freqüência, especialmente quando nos dirigimos às pessoas.

Serve para demonstrar que estamos dispensando toda nossa atenção. Porém, é preciso ter bom senso quanto ao tempo de contato: não devemos ficar encarando (*staring*) ninguém, pois isso pode causar constrangimento.

Sorriso (*Smile*)

Um sorriso espontâneo, completo, que inclua os lábios, os olhos e as bochechas, e que seja acompanhado de uma expressão facial relaxada, é um ótimo cartão de visitas.

Acostume-se a sorrir quando for apresentado a alguém, quando receber ou fizer um elogio, ou quando lhe contarem algo que seja ao menos um pouquinho divertido.

Em termos de *body language*, essa é uma atitude bastante positiva e cortês, que certamente causará boa impressão às pessoas.

Vejamos agora outros comportamentos e costumes típicos.

Apresentações pessoais (*Introductions*)

• Quando somos apresentados a alguém que nunca vimos antes, dizemos *Nice to meet you*. Se encontrarmos a pessoa novamente, usamos *Nice to see you*, pois nesse caso já a encontramos (*met*) uma vez.

• Ao se referir a duas pessoas (incluindo você), sempre cite a outra pessoa primeiro: *My wife and I*, *My boss and I* etc.

• Para contar que temos amizade com alguém, usamos a expressão *to be friends with*: *I've been friends with his family for many years*.

• Se alguém mencionar na apresentação a palavra *girlfriend*, note que além de significar "namorada", ela também tem o sentido de "amiga". Do mesmo modo, *boyfriend*, pode significar "namorado" ou referir-se a um amigo do sexo masculino.

Conversação informal (*Casual talk*)

• Uma conversa rápida e informal sobre generalidades é um *small talk*. É similar ao "bate-papo", o conhecido *chat* [tchæt]. Um outro termo usado, mais coloquial, é *chitchat* [tchitchæt], que já é quase uma fofoca (*gossip* [góssip]).

• Como no português, também podemos usar a expressão *blah-blah-blah* [blóblóbló] quando falamos de uma conversa fiada, sem conteúdo, ou não queremos especificar algo: *She was telling me about going shopping, blah-blah-blah, when the phone rang.*

• Já quando alguém diz algo que não faz muito sentido (*sense*), por parecer bobagem ou mentira, dizemos que é *nonsense* ou *rubbish*:

Do you believe he is doing all that for free? Nonsense, he must be earning something.

That financial analysis seems to me a load of rubbish.

• Para ser bem incisivo, em linguagem vulgar, pode-se ainda dizer *bullshit* ou *crap*, para se referir a algo estúpido ou absurdo:

I just can't listen to this bullshit over and over again.

This article on the newspaper is just a piece of crap.

Cumprimentos (*Greetings*)

Quando dizemos *How do you do*, a resposta usual é outro *How do you do*. Isso porque não se trata de uma pergunta que precise de resposta. É, na verdade, uma troca de cordialidade, que pode ser interpretada como "Muito prazer".

Interessante notar que, quando vamos a um restaurante onde nunca estivemos antes, a *hostess* ou *waitress* pode nos dizer algo como: *How are you today? How was your weekend?*, mesmo sem nunca nos ter visto. Pode dar a

Dicas para Situações em Geral

impressão de que somos conhecidos de longa data; porém, essa é apenas uma maneira de ser simpática com os clientes.

Se isso causar problemas de ciúmes com nossa acompanhante, podemos explicar: *No darling, I've never been here before...*

Elogios (*Compliments*)

Temos a impressão de que sempre é bom elogiar alguém por algo positivo. Contudo, isso pode não ser uma boa idéia. Tudo depende do país, da situação daquele que elogia e que é elogiado e do sexo das pessoas envolvidas.

Nos Estados Unidos, costuma-se receber e fazer elogios (***to compliment***). Pode até ser uma maneira de iniciar uma conversa, sendo aceitável elogiar a apresentação ou a participação de alguém em uma reunião.

Entretanto, você pode ter problemas se comentar sobre a aparência de uma mulher, mesmo que seja com a melhor das intenções. Essa atitude pode ser interpretada como uma forma de assédio sexual (***sexual harassment*** [rærœsment]), que é algo grave, ilegal, e causa a maior dor de cabeça.

Já nos países latinos da América e da Europa, elogios são vistos de maneira diferente. É comuns fazer comentários educados sobre a aparência de uma mulher, que até se sentem lisonjeadas (***flattered***), e não costumam reclamar disso como assédio.

Entretanto, em outros lugares do mundo, os elogios podem ser interpretados como falsidade (***being phon(e)y*** [fônî]). Em muitos países asiáticos, é indelicado comentar sobre desempenhos individuais, de modo que às vezes os elogios são até recusados. Além disso, elogiar um superior pode ser visto como uma maneira de receber favores e "puxar o saco" (***suck up***).

Se você estiver trabalhando ou viajando no Oriente Médio, tenha cuidado ao elogiar os bens materiais de alguém, pois a pessoa pode sentir-se obrigada a dá-los de presente a você (o que até não seria mau...). Pode-se também considerar uma ofensa e uma desonra para a família enaltecer as mulheres. Como naquela região, às vezes, alguns costumes são um pouco diferentes, é bom não arriscar, para não se envolver em algum tipo de confusão e poder voltar direitinho(a) para casa.

Espaço pessoal (*Personal space*)

A distância que mantemos das pessoas é um fator importante. Nós nos sentimos incomodados quando alguém fica em pé ou se senta muito próximo de nós. Isso porque temos uma certa zona de proximidade, a qual consideramos nosso território.

Cada pessoa tem um raio mínimo de distância que, se for ultrapassado, pode trazer desconforto. É o que podemos chamar de ***comfort zone***. Mas o que é chegar perto demais? Podemos classificar algumas distâncias:

• Zona superíntima: 0-20 cm. Permitida somente para namorados, casais ou parentes muito próximos.
• Zona íntima: 20-50 cm. Reservada aos amigos íntimos. Normalmente nos sentimos incomodados e desconfortáveis se essa zona é invadida.
• Zona pessoal: 50-120 cm. Distância aceitável e preferível num contato social.
• Zona social: 80-200 cm. Distância normal entre as pessoas na rua e em lojas.
• Zona pública: mais de 360 cm. Essa é a distância ideal entre palestrante e platéia.

A percepção (*sense*) de espaço muda de um país para outro. Nos Estados Unidos, Canadá, Inglaterra e Austrália, a maioria das pessoas prefere uma distância mínima de 45 cm; no Japão, 25 cm; na Dinamarca e no Brasil, apenas 20 cm. Por isso, dependendo do país que você esteja visitando, faça como está escrito em pára-choques de caminhão: MANTENHA DISTÂNCIA.

Na dúvida, observe como as outras pessoas se posicionam. E não estranhe se elas se mantiverem mais afastadas do que o que você está acostumado(a): é só uma questão cultural.

Formas de tratamento (*Forms of address, tittles*)

Uma diferença importante do português para o inglês é o grau de formalidade. No português, para demonstrar respeito, usamos o tratamento "o(s) senhor(es)" e "a(s) senhora(s)". No inglês, só podemos utilizar a palavra *you* – você(s), senhor(es), senhora(s) – tanto no tratamento formal quanto no informal:

Posso falar com o(a) senhor(a)? = *May I talk to you?*

Em inglês, não há o tratamento "Dona" para senhoras. Se quisermos demonstrar respeito, devemos saber seu sobrenome e usar o formato "M(r)s.+ sobrenome".

Entretanto, podemos utilizar as formas *sir*, *gentlemen*, *madam* ou *(young) ladies*, quando se quer demonstrar respeito mas não se sabe ou não se quer citar o nome da pessoa. Nos demais casos, empregamos o tratamento usual, mencionando o sobrenome após a forma de tratamento:

Pessoal
Senhor – *Mr. (Mister) Bean*
Senhores – *Messrs. Clean, Magoo and Burns*
Senhora – *Mrs. (Mistress, Missus) Jones*
Senhorita – *Miss Piggy*
Qualquer estado civil – *Ms. (Miss, Missus) Cicarelli*

Acadêmico
Doutor – *Doctor*
Professor – *Professor* [prœféssœr]
Reitor – *Dean*

O tratamento *doctor* só é usado para doutores em medicina, odontologia ou pessoas que tenham feito doutorado e sejam PhD (*doctor of philosophy*) em suas especialidades. Advogados, delegados e engenheiros não são tratados por doutor, como no Brasil.

Público
Presidente – *President*
Primeiro-ministro – *Prime Minister, premier*

Embaixador, cônsul – **Ambassador, consul**
Senador – **Senator**
Governador – **Governor**
Prefeito – **Mayor**
Deputado – **MP (Member of Parliament), congressman**
Vereador – **Alderman**
Juiz – **Judge**
Autoridade – **Authority**

Numa correspondência comercial, podemos usar **Esquire** [e̱skuair], após o sobrenome. Esse tratamento bastante formal, à moda antiga, além de impressionar, também irá bajular o endereçado:
William H. Gates III, Esq. = Ilustríssimo Sr. Bill Gates

Informalidade (*Informality*)

Nós, brasileiros, temos uma característica marcante: a informalidade. Porém, muitas vezes aquilo que consideramos simpatia e cordialidade pode ser confundido com liberdade e intimidade abusivas. Se conversarmos sobre assuntos de ordem pessoal com um norte-americano ou um europeu com quem não temos intimidade, ele poderá se ofender e considerar essa atitude uma invasão de sua privacidade.

Há alguns assuntos que podemos abordar sem esse tipo de preocupação: nossa curiosidade sobre o país, viagens realizadas, o clima, um esporte que ambos conhecemos e artes em geral (livros, filmes, peças, músicas etc.).

Modos de falar (*Ways of speaking*)

• Ao se dirigirem às mulheres, as pessoas de língua inglesa muitas vezes dizem **Ma'am** (*Madam*), sem pronunciar o "d", o que para nós acaba soando como **Man**. Não estranhe, eles não estão tratando uma senhora como homem, como parece...

• Quando queremos que *you* se refira a mais de uma pessoa, dizemos **you people** (formal) ou **you guys** (bem informal).

• Em conversas profissionais com pessoas do sexo oposto, especialmente ao telefone, devemos evitar *terms of endearment*, que são termos carinhosos e íntimos como *dear, honey, sweetheart* etc. Eles podem não ser bem recebidos pela outra parte.

• Com o crescente número de mulheres exercendo cargos que antes eram ocupados por homens, uma onda do "politicamente correto" (*politically correct*) atingiu como um "tsunami" os países desenvolvidos. Passou-se a utilizar a palavra *person* com mais freqüência, em vez de *man* ou *woman*, para se referir a profissões e atividades que são desempenhadas tanto por homens quanto por mulheres. Também se prefere usar palavras neutras. Exemplos:

Businessperson, em vez de *businessman, businesswoman*;
Officer, em vez de *policeman, policewoman*;
Salesperson, em vez de *salesman, saleswoman*.

Pontualidade (*Punctuality*)

No mundo dos negócios internacionais, a pontualidade é vista com muito mais rigor do que nos grandes centros brasileiros, onde fatores imponderáveis como o trânsito podem ser motivos aceitáveis para atrasos.

Os estrangeiros não costumam tolerar a falta (*lack*) de pontualidade, que pode ser vista como falta de educação (*bad manners*) e de respeito, como sinal de desconsideração ou desinteresse. Por isso, seja sempre pontual!

Toques pessoais (*Touching*)

Outro costume tipicamente brasileiro é o do contato físico durante uma conversa. Um toque no braço, num momento apropriado de um diálogo, pode aumentar favoravelmente a intimidade. Já um toque na perna possui uma conotação mais sexual e nos faz imaginar: "Opa, o que é isso? O que é que ele(a) está querendo?". Em situações de negócios (ao menos nos negócios sérios e tradicionais), nem pensar!

Nos países árabes, é freqüente que os homens se beijem no rosto quando se encontram e andem de mãos ou braços dados. Isso é comum e nem um pouco comprometedor em suas culturas. Já se fosse aqui...

Nos Estados Unidos e na Inglaterra, é mais comum as mulheres se tocarem. Os homens raramente se abraçam e, quando o fazem, dão pequenos tapinhas nas costas ou nos ombros para reafirmar que o contato não é nada sexual.

Já na Ásia, tocar um adulto na cabeça é considerado um insulto. Na maioria das culturas, somente crianças são tocadas nessa parte do corpo. Se pararmos para pensar, é realmente estranho se alguém nos der uns tapinhas no cocuruto: vamos nos sentir um pouco abobalhados...

Sobre beijos e abraços (*About kisses & hugs*)

Nós, latinos, nos caracterizamos pela maneira calorosa (***warm***) de expressar as emoções. Entretanto, muitos estrangeiros, incluindo os de língua inglesa, não são educados do mesmo modo e se sentem constrangidos (***embarrassed***) com demonstrações de afeto.

Em encontros sociais no Brasil, é comum que pessoas do sexo oposto ou que duas mulheres troquem beijinhos, nas apresentações. Podem ser um, dois ou até três, dependendo do costume regional e do entusiasmo. Porém, esse gesto é inesperado para pessoas de língua inglesa e sempre as deixa um pouco surpresas.

No caso dos homens, se, além de apertar a mão, derem abraços e tapinhas nas costas como sinal de amizade, também serão considerados "amistosos" demais. E, claro, nada de beijos, porque essa atitude poderá ser mal-interpretada, a não ser que estejamos com franceses, árabes ou russos, que têm naturalmente esse costume.

Assim, na presença de pessoas não latinas, é recomendável controlar esse nosso calor humano e não agir com tanta intimidade. Elas podem ficar sem jeito, coitadinhas...

FALSOS COGNATOS

Chamamos de falsos cognatos as palavras de línguas distintas que, apesar de possuírem grafias semelhantes, diferem completamente no significado.

Entre a língua portuguesa e a inglesa, há centenas de palavras cognatas. Muitas podem apresentar significados semelhantes e não causar problemas de compreensão quando utilizadas, mesmo que não sejam traduções perfeitas.

Dicas para Situações em Geral

Dentro dos objetivos deste livro, relacionamos apenas aquelas palavras que *nunca* podem ser empregadas com o significado que aparentam ter em português, sob o risco de dizer frases sem sentido (*senseless*) para o interlocutor de língua inglesa. Por exemplo, se você disser:

I pretend to go to the meeting (Finjo ir à reunião), isso causará uma péssima impressão, e não corresponderá em nada àquilo que pretendia dizer...

Então, para evitar esse tipo de engano, relacionamos abaixo o uso correto de algumas palavras freqüentes em situações genéricas de diálogo:

Absolutely = sem dúvida, com certeza

Ao contrário do que ocorre em português, em que "absolutamente" pode significar uma negação, em inglês "*absolutely*" é sempre uma afirmação.

I suppose you enjoyed the meeting, didn't you?
Oh yeah, absolutely.

Actual/actually = real/realmente, na verdade
Atual = *current*
I am actually an economist, not a business administrator.

Anticipate = a) preceder; b) prever; c) aguardar com ansiedade
Antecipar = *bring forward, forestall*
a) *Mr. Jones was anticipated by Mrs. Carter in that position.*
b) *From our sales last year, we could anticipate good results.*
c) *I anticipate my next vacations, I have worked so hard lately.*

Brave = valente, corajoso
Bravo = *angry, mad at/with*
That was a brave decision.

Eventually = finalmente
Eventualmente = *fortuitously, accidentally*
After a long discussion, eventually the plan was adopted.

Exit = saída
Êxito = *success*
To go out, take that exit on the right.

Exquisite = a) requintado, selecionado; b) intenso; c) incomum; d) perfeito
Esquisito = *odd, weird, strange, funny*
a) This is an exquisite Cartier watch.
b) I couldn't sleep last night because of this exquisite pain.
c) This is a very rare, exquisite gem.
d) Definitely, he is an exquisite gentleman.

Hazard = a) risco, perigo; b) acaso
Azar = *bad luck*
a) There is real a fire hazard in that fuel tank.
b) His horse has won by hazard.

Ingenious = engenhoso, habilidoso
Ingênuo = *naive, ingenuous*
He has impressed everybody with his ingenious plan.

Intend = pretender, tencionar
Entender = *understand*
I intend to get a promotion by the end of the year.

Library = biblioteca
Livraria = *bookstore*
Please return this book to the library before the expiry date.

Parents = pais
Parentes = *relatives*
Both of my parents are still alive.

Physician = médico
Físico = *physicist*
Please call me a physician, I think I'm sick.

Prejudice = preconceito, predileção, em detrimento de outro
Prejuízo = *loss*
We have to read this report without prejudice.

Pretend = fingir, aparentar
Pretender = *intend*
She pretends she's ok, but I know she is stressed-out.

Push = empurrar, empurrão
Puxar = *pull*
Your battery is dead; you have to push the car to start it.

Tenant = inquilino
Tenente = *lieutenant*
I don't own this apartment, I'm just a tenant.

Ultimately = finalmente, afinal
Ultimamente = *lately*
Ultimately she got the promotion.

ERROS COMUNS

Apresentações

É muito comum nos esquecermos de que, em inglês, devemos usar sempre o sobrenome das pessoas quando as apresentamos formalmente. Assim, o Sr. José Silva deve ser apresentado como:
This is Mr. Jose Silva ou This is Mr. Silva, e não: This is ~~Mr. Jose~~.

Between & among

Há duas palavras em inglês para dizer "entre". Usamos *between* quando nos referimos a algo entre duas coisas apenas: *This is between you and me.* Se há mais de duas coisas como referencial, devemos usar *among* ou *amongst* (mais formal): *Among other things, this is strictly among(st) you, our boss and me.*

Boa-noite

À noite, ao encontrar alguém, dizemos *Good evening*. Ao nos despedir, devemos mudar para *Good night*.

Conhecer lugares

Quando queremos dizer que já conhecemos um determinado lugar, porque já estivemos lá antes, podemos usar, por exemplo:
I have been to Bora Bora.
I went to Bora Bora.
I visited Bora Bora.
I saw Bora Bora.

No pretérito, somente não podemos dizer *I ~~knew~~ Bora Bora*, porque isso significa que aquela bela ilha não existe mais. No tempo presente, não há problema, e podemos dizer: *I know Bora Bora.*

Contáveis e incontáveis

Um conceito do inglês, que às vezes nos causa estranheza, é o dos substantivos contáveis e incontáveis. As regras gramaticais de uso têm várias exceções e, muitas vezes, não são lógicas. Para tentar esclarecer esse assunto, damos aqui algumas dicas.

Os substantivos incontáveis têm um sentido genérico de singular ou de plural, mas são usados sempre no singular e não podem receber "s" para formar plural. A concordância com verbos é feita sempre no <u>singular</u>. Por exemplo:

Dicas para Situações em Geral

My mail is late, pode ser entendido como "Minha(s) correspondência(s) está (estão) atrasada(s)".

Também não se deve nunca usar artigo indefinido (*a/an*) isoladamente antes dos incontáveis. Se quisermos qualificá-los, referindo-se a algo específico, devemos usar termos auxiliares como *a piece of* ou *an item of*.

Os seguintes substantivos são sempre incontáveis, e por isso invariáveis:

Advice = conselho(s)
Take a piece of advice with you.
Good advice costs money.

Equipment = equipamento(s)
Take an item of equipment with you.
Good equipment costs money.

Furniture = mobília(s)
Take a piece of furniture with you.
Good furniture costs money.

Hardware = a) ferragens; b) componente(s) de computador
Take an item of hardware with you.
Good hardware costs money.

Information = informação, informações
Take a piece of information with you.
Good information costs money.

Jewelry = jóia(s)
Take an item of jewelry with you.
Good jewelry costs money.

Knowledge = conhecimento(s)
Take a piece of knowledge with you.
Good knowledge costs money.

Luggage = bagagem, bagagens
Take an item of luggage with you.
Good luggage costs money.

Music = música(s)
Take a piece of music with you.
Good music costs money.

News = notícia(s)
Take a piece of news with you.
Good news costs money.

Software = programa(s) de computador
Take a piece of software with you.
Good software costs money.

A palavra *money*, apesar de também ser incontável, tem plural, que pode ser *monies* ou *moneys*. É usado quando queremos nos referir a somas em dinheiro: *The branch owes some monies to the main office.*

Encontrar e conhecer pessoas

A língua inglesa oferece muitas possibilidades para dizer que encontramos (*meet*) ou conhecemos (*know*) alguém. As palavras têm sentidos diferentes, dependendo da situação. Para nos referirmos a esses encontros e não causar mal-entendidos, devemos conhecer essas diferenças de uso.

Encontrar

Meet = a) encontrar alguém conforme o combinado; b) encontrar, conhecer alguém ou ser apresentado pela primeira vez; c) apanhar alguém para levá-lo(a) a algum lugar:

Dicas para Situações em Geral

a) Meet me in my office.
b) We (first) met the new sales manager this morning in the lobby.
c) The company will send a car to meet me at the airport.

Meet with = encontrar alguém para uma discussão; reunir-se:
We'll meet with the manager in the afternoon.

Get together = encontrar alguém informalmente para fazer algo juntos:
Why don't we get together and have a drink?

Run/bump into = encontrar por acaso alguém que já se conhece:
At the party, you usually run into someone you know.
I bumped into her this morning at the cafeteria.

Encounter, ***meet by chance*** = encontrar alguém por acaso:
She remembered that we had encountered each other at the restaurant.
Yesterday, I met by chance, a former teacher of mine.

Pop up = aparecer de surpresa, sem avisar:
She has just popped up, I didn't expect it.

Pick up = encontrar uma pessoa num local específico para levá-la a algum lugar:
He will pick me up at the hotel tomorrow.

Call/come for = encontrar alguém em casa para levá-lo(a) a algum lugar:
No problem, a driver is calling for us early in the morning.
I'll come for you about eight to take you to the meeting.

Conhecer

Know = conhecer vários fatos pessoais sobre alguém após tê-lo encontrado anteriormente:

I don't know him very well, we've only met once.

Be acquainted with = conhecer alguns fatos pessoais sobre alguém após tê-lo encontrado uma ou duas vezes:
We first met last week, so we are just acquainted with each other.

Get acquainted = começar a conhecer alguém que acabamos de encontrar:
You will like your new boss, once you get acquainted with him.

Get to know = começar a conhecer bem uma pessoa após haver conversado ou passado bastante tempo com ela:
She will get to know me after we start taking trips together.

Know by sight = conhecer alguém de vista:
Maybe I know her by sight, but I am not sure.

Acquaintance = alguém que conhecemos, mas não temos amizade:
You can bring your friends and acquaintances to the party.

Funny

A palavra *funny* também significa "estranho, esquisito", e não somente "engraçado, divertido": *This food tastes funny.*

Haircut

Em português é comum dizer "Cortei meu cabelo" ou "Consertei meu carro", respectivamente no sentido de que mandei alguém cortar meus cabelos ou consertar meu carro, já que essas ações geralmente não são feitas por nós mesmos. Se dissermos em inglês *I cut my hair* ou *I fixed my car*, soa estranho, pois significa que "eu mesmo cortei meus cabelos (usando a tesoura)" ou que "consertei meu carro sozinho (usando minhas próprias ferramentas)".

Se esse não for o caso e não tivermos habilidades nem para cabeleireiro nem para mecânico, devemos então dizer:
I had my hair cut, ou *I had a haircut*, e *I had my car fixed*.

John & Paul

Não, não se trata do Papa nem dos Beatles. É que um nome bastante comum como *Paul* é muitas vezes erroneamente pronunciado como [~~Pôul~~]. O correto é [Pól]. *John* também não é [~~Djôn~~], e sim [Djón]. Se dissermos [Djôn], com "o" fechado, podem entender *Joan*, que é um nome feminino.

Ordens

Para dar ordens em inglês, não usamos a palavra ~~order~~, que é utilizada, por exemplo, quando fazemos um pedido ao garçom, a um fornecedor ou a um serviço de entrega. Para mandar fazer algo, usamos a construção com *have*:
I had the report printed = Mandei imprimir o relatório.
I had Genoveva print the report = Mandei Genoveva imprimir o relatório.

Please, excuse me & pardon me

Quando queremos chamar a atenção de alguém para que nos atenda ou dê uma informação, não dizemos ~~please~~ e sim ***excuse me***:
Excuse me, can you tell me...
Se quisermos pedir licença para passar, também utilizamos ***excuse me*** ou ***pardon me***.
Podemos usar essas expressões na forma interrogativa quando não entendemos algo e queremos que repitam: *Excuse me?*, *Pardon?* ou *Sorry?* É claro que também poderíamos simplesmente dizer *What?*, mas não seria muito educado. Os britânicos preferem *Pardon?* ou *I beg your pardon?*
Porém, se esbarramos em alguém, devemos dizer ***sorry*** ou ***pardon me***.

Push & Pull

Um dos enganos mais comuns que nós, brasileiros, cometemos no exterior ocorre com relação às portas que vêm com a inscrição *PUSH* ou

PULL. Para nós, *push* é um falso cognato e, muitas vezes, ficamos com aquela cara de bobo(a) ao tentar puxar a porta em vez de empurrá-la. É algo que fazemos automaticamente.

Para tentar não passar mais por isso, criamos um pequeno roteiro de condicionamento a seguir, como se fosse um jogo. Você já deve ter visto uma daquelas situações de "pegadinhas" na TV em que há um painel com um orifício indicado por uma seta e um grande aviso "NÃO OLHE". Aí a pessoa não agüenta a curiosidade, vai dar uma espiadinha e acaba se dando mal...

Pois bem, todas as vezes que vejo uma porta com a inscrição *push*, eu imagino que seja uma "pegadinha" e penso:

"– Ahá, aí está você querendo me enganar, hein?"

Automaticamente faço a associação de que o aviso *push* significa, na verdade, "não puxe", e aí empurro a porta. Já quando vejo escrito *pull*, penso:

"– Quer me pegar de novo? Eu sei que esse seu aviso enganador na verdade quer dizer 'pullxe'!" Então, eu puxo a porta.

Assim, acabo acertando, fazendo sempre o contrário do meu instinto. Pode ser exagero fazer toda essa ginástica mental só para acertar o significado de duas palavras tão simples, mas pode funcionar...

Says

O verbo "dizer" na terceira pessoa (*says*) é pronunciado sem o "y": [séz].

Outros erros

Confira outros pequenos erros que passam quase despercebidos quando conversamos:

• Pergunta: *How are you doing?*
Resposta: *I am <u>doing</u> fine*, e não: *I am fine.*
• Pergunta: *What do you do?*
Resposta: *I am <u>a trader</u>*, e não: *I am ~~doing trading~~.*
• Pedir para falar devagar:

Could you speak slowly?, e não: *Could you speak ~~slow~~?*
• Propor um intervalo:
Let's take (have) a break, e não: *Let's ~~make~~ a break*.
• Quando alguém ou algo nos lembra de fazer alguma coisa:
She reminded me to call you, e não: *She ~~remembered~~ me to call you*.
• Falar de tempo decorrido:
He has been married for 5 years, e não: *He ~~is~~ married for 5 years*.

Verb tenses: present perfect & simple past

Um diferencial, que realmente demonstra o bom conhecimento e domínio da língua inglesa, é o uso correto do *present perfect* e do *simple past*.

Você notará que o *present perfect* é o tempo verbal mais utilizado, muito mais que o *simple past*, pelas pessoas que falam e escrevem corretamente o inglês. Habitue-se a usá-lo, pois além de ser mais bem compreendido, você demonstrará sua fluência no idioma.

Uma grande confusão que se faz é traduzir o tempo verbal *present perfect* por "presente perfeito". Além de errado, é uma prática enganosa. Ora, se quiséssemos dizer isso, o correto seria *perfect present* (adjetivo + substantivo).

Present, na verdade, é um adjetivo, e *perfect* um substantivo, um tempo verbal (*perfect tense*), e não o contrário, como se pensa.

Perfect, que vem do latim "perfetu", significa "feito até o fim, completo, terminado, acabado". Todos os *perfect tenses* — *past, present and future* — correspondem, portanto, a ações completadas no passado, no presente e no futuro, respectivamente. Vamos, então, tentar entender o uso correto do *present perfect*, que é muito simples.

A língua inglesa nos oferece pelo menos duas possibilidades de nos referirmos ao passado: uma com o *simple past* e outra com o *present perfect*.

Primeiro imagine que o simple past seja usado somente em uma situação:
— para expressar ações, acontecimentos ou estados que ocorreram (ou não) no passado, e que não continuam mais, estão terminados.

Imagine agora que o *present perfect* seja usado somente em duas situações:

– para expressar ações, acontecimentos ou estados que ocorreram (ou não) em algum tempo <u>não especificado</u> no passado; e

– para expressar ações, acontecimentos ou estados que ocorreram (ou não) em algum tempo no passado e que <u>continuam até o presente</u>.

Por exemplo, se eu quiser dizer "Morei em Tonga", sem muitas explicações, posso falar:

I <u>lived</u> in Tonga – **simple past**, ou

I <u>have lived</u> in Tonga – **present perfect**.

Qual a diferença?

No primeiro caso, usando o **simple past**, quero dizer que morei em Tonga, não moro mais e, por algum motivo, não voltarei a morar lá.

No segundo caso, usando o **present perfect**, quero dizer que morei em Tonga, não moro mais, mas ainda posso voltar a morar lá.

Note que, se eu quiser dizer: "Moro (Tenho morado) em Tonga desde 2005", posso falar:

I <u>have lived</u> in Tonga since 2005 – **present perfect**, ou

I <u>have been living</u> in Tonga since 2005 – **present perfect progressive**.

Por quê? Essa também é uma ação que começou em algum tempo no passado e continua *até o presente*. Por isso, usamos o **present perfect**, em sua forma progressiva ou não.

Você se lembra de um filme romântico de muito sucesso estrelado por Christopher Reeves e Jane Seymour, chamado *Em Algum Lugar no Passado*? Pois bem, lembre-se desse título ao pensar no **present perfect**.

E não se esqueça de que, apesar do nome, o **present perfect** *sempre se refere ao passado*.

O problema é que, em português, a tradução desse tempo verbal pode ser feita usando o presente ("Moro"), o pretérito perfeito simples ("Morei") ou pretérito perfeito composto ("Tenho morado"). Tudo vai depender do contexto. Daí a confusão dos brasileiros com relação a esse tempo verbal.

De qualquer modo, nativos da língua inglesa utilizam tanto o **present perfect** quanto o **simple past**, de acordo com as situações. E nós, brasileiros, para nos comunicarmos bem, devemos tentar fazer o mesmo.

Dicas para Situações em Geral

ORTOGRAFIAS AMERICANA E BRITÂNICA

Às vezes, ao ler textos ou fazer anotações em inglês, ficamos em dúvida sobre a grafia de algumas palavras, geralmente conhecidas. Isso ocorre porque confundimos as ortografias americana e britânica, que são levemente diferentes.

Para nós, brasileiros, é muito difícil usar somente um padrão, pois recebemos informações em inglês das mais variadas fontes, americanas ou européias.

Seguem abaixo alguns exemplos para ajudar a identificar se um determinado texto foi escrito por americanos ou não, e para não pensar que palavras escritas corretamente estejam erradas.

• Na ortografia americana, usa-se a terminação "ter"; na britânica usa-se "tre". Exemplos: *liter = litre; meter = metre*.

• Na ortografia americana, usa-se "or"; na britânica usa-se "our". Exemplos: *color = colour, labor = labour*.

• Em algumas palavras, os americanos usam "z"; os britânicos usam "s". Exemplo: *organization = organisation*.

• Em algumas palavras, os americanos usam "s" e os britânicos usam "c", ou vice-versa. Exemplos: *license = licence; practice = practise*.

Há outras diferenças de ortografia, e o importante é lembrar disso. Vejamos alguns exemplos abaixo:

Americana	Britânica	Americana	Britânica
Airplane	*Aeroplane*	*Humor*	*Humour*
Aluminum	*Aluminium*	*Gray*	*Grey*
Analyze	*Analyse*	*Neighbor*	*Neighbour*
Ax	*Axe*	*Offense*	*Offence*
Center	*Centre*	*Program*	*Programme*
Check	*Cheque*	*Raise*	*Rise*
Defense	*Defence*	*Skillful*	*Skilful*
Endorse	*Indorse*	*Theater*	*Theatre*
Favorite	*Favourite*	*Tire*	*Tyre*

EXPRESSÕES ÚTEIS

Aconselhamento

Quando se quer aconselhar alguém, é comum começar com a sentença: "Se eu fosse você...". Em inglês, não é diferente, pois dizemos:
If I were you, If she were you.

Você pode também ouvir *If I ~~was~~ you* ou *If she ~~was~~ you*. As pessoas freqüentemente usam *was* na 3ª pessoa, mas não é gramaticalmente correto.

Se quiser dizer "Eu, no seu lugar...", fale: *If I were in your shoes...*

Agradecimentos

Ao agradecer, não é preciso limitar-se somente ao *Thanks* ou *Thank you (very much)*. Para variar, podemos dizer também:
I appreciate that, Thank you so much, ou *I'm most grateful to you.*

Apresentações Pessoais

Para mostrar que estamos encantado(a)s, ou que temos muito prazer em conhecer alguém, dizemos: *I am delighted* [diláited] *to meet you...*

Desculpas

Além dos manjados *I'm sorry* e *Pardon me*, podemos usar outras expressões, especialmente para dar explicações mais longas e desculpas mais elaboradas: *My excuses for ..., I am afraid ..., I regret that..., I am terribly sorry about..., Please accept my apologies for...*

Despedidas

Algumas maneiras formais e informais de se despedir:

Prazer em conhecê-lo(a): *Nice to meet you.*
Prazer em vê-lo(a): *Nice to see you.*
Dê lembranças para...: *Give my regards to...*

Nós nos vemos: *See you.*
Cuide-se: *Take care.*
Até logo, pessoal: *See you folks.*
Tchau, gente: *Bye guys.*
Passe bem: *(Have a) Good day.*

Ênfase

Uma maneira de enfatizar (***emphasize*** [énfassáiz], ***stress***) algo que estamos dizendo, é usar ***really, do*** ou ***indeed***: *I really like it!, I do like it, it's great!* ou *I like it, indeed!*

Note que ***indeed*** e ***really***, quando usados como pergunta, têm um tom de ironia, tipo "Ah, é mesmo? Não diga!":
What a coincidence! I've met your husband at the party...
Indeed!? Tell me about it... ou
Oh really!? How nice...
Indeed pode ser usado também com o sentido de "aliás, na verdade":
She's a very good friend of mine. Indeed, she's my best friend.

Fugindo do assunto

Algumas vezes, não queremos dizer exatamente o que pensamos. Para não ofender (***offend***) ou constranger (***constrain***) alguém, preferimos fugir (***avoid***) do assunto. Veja abaixo alguns modos de fazer isso:

• Ser vago (***vague***) quando solicitado a dar uma opinião:
Well, I guess it's up to you.
I don't know what to say, really!
• Dizer pequenas mentiras (***white lies***) para evitar embaraço:
Listen, I can't talk now. I have an appointment in five minutes.
Sorry, I've lost your telephone number.
• Permanecer (***remain***) em silêncio (***in silence***):
What can I say?.................(silence)....................
If you don't mind, I'd rather not say anything.

• Ser indireto para evitar dizer não:
Well, it's hard, but I'll see what I can do.
Actually, I can't help you much.

Interrupções

Expressões que usamos para interromper o que estamos fazendo e dar um tempo:

• Fazer uma pausa, um intervalo: *Let's have a break* ou *Let's take a time-out*.
• Parar pelo resto do dia, se terminamos algum trabalho ou tarefa: *Let's call it a day* ou *Let's call it quits*.
• Pedir informalmente para dar um tempo, uma folga: *Give me a break!*

Sendo educado

As expressões a seguir podem ser úteis em situações comuns de diálogos, pois são muito utilizadas por pessoas de língua inglesa, mas nem sempre lembradas pelos brasileiros:

Could you do me a favor? = Você poderia me fazer um favor?
Feel free to... = Esteja à vontade para...
I'd love to = Com muito prazer
I've got to make it up to you = Tenho de compensá-lo(a) (por algo que fiz)
It was lovely = Foi muito agradável
Not bad = Nada mal
That's very kind of you = É muito amável
To freshen up = Recompor-se ou "ir ao toalete"
Would you excuse me? = Com licença
You're welcome ou *That's all right* ou *Not at all* = De nada
What a shame! ou *What a pity!* = Que pena!

Solicitações

Para pedir algo, é possível usar diferentes graus de veemência, desde uma ordem incontestável até uma solicitação gentil, dependendo da situação. Observe como podemos fazer a mesma solicitação de uma maneira cada vez mais educada (***courteous***):

Close the door! → *Please close the door.* → *Could you close the door?* → *Would you please close the door?*

Tag questions

Of course you know how to use tag questions, don't you?
Claro... mas para que servem, afinal?

Uma **tag question** é um meio-termo entre uma afirmação direta e uma pergunta do tipo sim ou não. Ela é usada quando estamos sondando (**speculating**) um assunto ou fazendo um comentário do qual não temos certeza absoluta. Permite não assumir compromissos e evitar conflitos (**clashes**) com nosso ouvinte, caso ele discorde de nossa opinião:
I think a tag question is a great language tool, isn't it?

É também uma maneira educada de solicitar coisas, uma vez que deixa em aberto uma decisão: *Give me a chance to explain, will you?*

CURIOSIDADES

Cores

Existem diferenças interessantes entre as línguas com relação às cores. Em português, se levarmos um soco no olho, dizemos que ficamos com o olho roxo. Já em inglês, diriam **black and blue** e, se fosse em japonês, seria algo equivalente a **brown**.

Ué, será que estamos todos daltônicos? Não...É que cada cultura se refere a uma etapa do hematoma. O inglês descreve o nosso roxo como uma combinação de preto e azul, e o japonês se refere à fase em que o hematoma já está marrom, quase curado.

Outro exemplo é a cor limão, que aqui associamos aos tons esverdeados, pois estamos acostumados ao nosso *lime*. Já os americanos e britânicos conhecem mais o *lemon*, que, por acaso, é amarelo. Nosso verde-limão para eles é **lime green**, e o amarelo-limão é **lemon yellow**.

A cor **maroon**, um falso cognato, na verdade é o vinho ou vermelho-escuro. E *mauve*, a cor malva, é um lilás, que não tem nada a ver com o nosso verde-malva. Estranho, não?

Moral da história: em matéria de cores, não podemos automaticamente extrapolar para o inglês os conceitos que temos em português, pois, às vezes, pode ficar tudo embaçado (*blurred*)...

Nacionalidades

Cada país tem sua maneira própria de se referir aos seus cidadãos. Assim como podemos ser chamados de "brazucas", os britânicos chamam a si próprios de *Brits*, enquanto os escoceses são *Scots* e os galeses *Welsh*.

Os americanos se consideram *Yankees*, os canadenses em geral são *Canucks* e os canadenses de origem francesa são *Québécois*. Os australianos são chamados de *Aussies* e os neozelandeses de *Kiwis*. Simpático, não?

Nomes familiares

Muitas vezes, as pessoas se apresentam e são tratadas por seu nome familiar (*pet names*): *Thomas* se torna *Tom*, *Patrick* se torna *Pat* etc.

Em geral, as abreviações são óbvias. Por exemplo, se fôssemos apresentados ao Pato Donald, ele poderia perfeitamente dizer:

Hello, my name is Donald Duck, but you can call me Don...

Porém, para evitar surpresas com abreviações de nomes familiares que sofreram modificações e não são óbvios, observe alguns deles abaixo:

Charles = *Chuck*
Edward = *Ted*
James = *Jim*
Jerome = *Jerry*
John = *Jack*
Joseph = *Joe*
Lawrence = *Larry*
Margaret = *Maggie*
Richard = *Dick*

Robert = Bob
William = Bill

Um pouco de história

OK

Costumamos dizer *OK* quando tudo está certo. Dizem que é uma brincadeira com as iniciais de *Oll Korrect*, que soa idêntico a *All Correct*.

Entretanto, há outra história para explicar a origem da expressão: durante a Guerra de Secessão americana, quando as tropas voltavam para o quartel após uma batalha sem nenhuma baixa, escreviam numa placa imensa *0 Killed* (zero mortos). Daí teria surgido o termo "OK" para indicar que está tudo bem.

Cangurus

Quando os colonizadores ingleses chegaram à Austrália, se assustaram ao ver estranhos animais que davam saltos incríveis. Imediatamente consultaram os aborígines, nativos australianos que eram extremamente pacíficos, e perguntaram qual era o nome daqueles bichos. E eles sempre repetiam "Kan Ghu Ru".

Posteriormente a palavra foi adaptada ao inglês, **kangaroo** (canguru). Somente tempos depois, os lingüistas determinaram o real significado do que os nativos falavam, que ficou muito claro: eles só estavam tentando dizer "Não te entendo...".

Fuck

Conta a lenda, que na Grã-Bretanha de antigamente, não se podia fazer sexo sem o consentimento do rei (a não ser que se tratasse de um membro da família real), como mostrou o filme ganhador do Oscar *Brave Heart* (Coração Valente).

As pessoas comuns, quando queriam fazer amor, para procriar, tinham de pedir permissão para o monarca local. Este lhes mandava entregar uma placa, que deveria ser colocada na frente da porta de seus aposentos enquanto tivessem relações. A placa dizia:

Fornication Under Consent of the King. Essa seria, então, a origem da palavra *fuck*, tão popular nos dias de hoje... Até parece...

Parte II
SITUAÇÕES ESPECÍFICAS

4
Contatos Telefônicos

COMPORTAMENTOS E COSTUMES

Grande parte dos negócios (*dealings*) se trata por telefone. Ele tornou-se uma ferramenta fundamental de trabalho, seja para marcar encontros, receber ou enviar informações, ou simplesmente fazer "uma social" com os clientes. A impressão que causamos ao nos comunicar é muito importante para o futuro das relações comerciais, para nossa imagem profissional e a de nossa empresa. No mundo dos negócios, cortesia é imprescindível. Para haver uma boa comunicação verbal ao telefone, siga as recomendações abordadas até aqui, além de outras como:

• Inicie a conversa com uma saudação positiva como Good morning – Good afternoon – Good evening;

• Apresente-se usando seu nome e repita o nome do interlocutor durante a conversação, para demonstrar interesse;

• Ao falar, procure sorrir e usar um tom descontraído mas profissional, sem intimidades;

• Dê ou solicite informações (*inquire*, *enquire*) sempre com clareza, simpatia e objetividade;

• Quando não puder ou não quiser falar, diga que retornará a ligação assim que possível, e realmente o faça.

Seguindo esses conselhos, podemos transformar o telefone num canal eficiente para a realização de negócios.

Calling cards

Uma dica para economizar com chamadas do exterior para o Brasil é comprar cartões telefônicos (***calling/phone cards***) internacionais pré-pagos (***prepaid***). Eles podem ser adquiridos com diferentes valores e tempos de conversação, tanto aqui quanto no país de destino, e podem ser usados em qualquer tipo de telefone. Com eles, discamos diretamente para um número gratuito (***toll-free***) local, sem ter de falar com um(a) telefonista (***operator***).

O tempo restante (***remaining time***) de conversação do cartão é sempre informado quando digitamos o código de identificação (***PIN***). Além de ter um custo menor que as chamadas a cobrar, podemos controlar exatamente quanto gastamos, pois eles são pagos antecipadamente. Outra vantagem é que não precisamos pedir permissão a ninguém para fazer nossas chamadas telefônicas internacionais, de qualquer aparelho.

Chamadas telefônicas

No exterior, se não discamos diretamente (***dial direct***) um número e usamos o auxílio da(o) telefonista (***operator's assistance***), devemos dizer o tipo de ligação que desejamos. São elas:

Person-to-person call – chamada de longa distância feita com a ajuda da telefonista, que o(a) coloca em contato somente com a pessoa desejada. Se ela não estiver, você não paga pela chamada.

Station-to-station call – chamada de longa distância feita com a ajuda da telefonista em que você fala com qualquer pessoa que atender. É mais barata que a anterior.

Collect call/reverse charge call – chamada a cobrar que precisa ser aceita pela pessoa chamada.

Local call – ligação local.
Long-distance call – ligação interurbana.
Overseas call – ligação internacional.

Emergências

Para falar com a polícia, o serviço de ambulância ou o corpo de bombeiros, disque 911 (EUA e Canadá), 112 ou 999 (Reino Unido), 000 (Austrália) ou 111 (Nova Zelândia), de qualquer telefone. Não é preciso usar ficha (*token*). Pode-se também discar 0 e pedir para a telefonista ligar para esses serviços de emergência.

Mensagens gravadas

Um recurso muito utilizado por empresas e órgãos públicos no exterior, e que agora também está se tornando comum no Brasil, são as informações telefônicas pré-gravadas. Segundo as empresas, elas seriam mais eficientes do que o atendimento pessoal. Entretanto, essa prática se tornou bastante irritante (*annoying*), mesmo para os estrangeiros. As gravações muitas vezes não são nada amigáveis. Você disca o número e logo começa:

"Obrigado por chamar nossa companhia. Sua ligação é importante para nós" (ah é, tão importante que não quiseram gastar com uma telefonista de verdade...).

"Para informações sobre isto, aperte 1, *NOW*! Para informações sobre aquilo, aperte 2, *NOW*!" E assim vai... Esse *now* é completamente autoritário e irritante, pois se você "ousar" desobedecer a máquina, não vai poder falar com ninguém...

Se conseguirmos resistir a toda essa maratona de informações eletrônicas, talvez eles finalmente digam: "OK, você venceu pela insistência. Se ainda quiser falar com um de nossos representantes, por favor aguarde na linha...". E tome mais espera...

Para soletrar

Nos Estados Unidos, na Inglaterra e em outros países, as pessoas costumam pedir para soletrar (*spell*) nossos nomes ou qualquer outra palavra ao telefone, para que não haja dúvida.

Aqui no Brasil, falamos "B" de bola, "D" de dado, e assim por diante. Lá eles usam o mesmo método, com palavras fáceis e conhecidas. Algumas são padronizadas, como as usadas pela polícia, na coluna à direita, outras têm alguma variação. Dizemos, por exemplo, *C as in Charlie*, *V as in Victor* etc. Americanos e britânicos usam exemplos diferentes para soletrar.

Vejamos alguns deles:

O Business!

Americano		Britânico	
A	Alice / Alfred / Andrew	A	Alpha
B	Bertha / Benjamin	B	Bravo
C	Charlie	C	Charlie
D	David	D	Delta
E	Edward	E	Echo
F	Frank / Frederick	F	Foxtrot
G	George	G	Golf
H	Harry	H	Hotel
I	Ida / Isaac	I	India
J	James / Jack	J	Juliet
K	Kate / King	K	Kilo
L	Lewis / London / Lucy	L	Lima
M	Mary	M	Mike
N	Nellie	N	November
O	Oliver	O	Oscar
P	Peter	P	Papa
Q	Quaker / Queen	Q	Quebec
R	Robert	R	Romeo
S	Samuel / Sugar	S	Sierra
T	Thomas / Tommy	T	Tango
U	Utah / Uncle	U	Uniform
V	Victor	V	Victor
W	William	W	Whisky
X	X-ray / Xmas	X	X-ray
Y	Young / Yellow Yankee	Y	Yankee
Z	Zebra	Z	Zulu

Secretária eletrônica

O recurso da secretária eletrônica (***answering machine***) é bastante utilizado no exterior. Diferentemente daqui, onde costuma-se não falar nada e simplesmente desligar (***hang up***) se a chamada cair na secretária, a maioria dos estrangeiros já está bastante acostumada com esse sistema e, por isso, sempre deixa recado.

Assim, tenha sempre em mente um pequeno *script* previamente preparado para o caso de não conseguir falar com uma pessoa e ter de deixar recado. Seja breve, mas procure incluir todas as informações importantes para um próximo contato.

Teleconferência

O uso da teleconferência (*teleconference*) permite, aos assinantes (*subscribers*) do serviço, que mais de duas pessoas participem da mesma conversação telefônica. Esse recurso também se tem tornado comum como meio de poupar tempo, uma vez que as informações podem ser compartilhadas por vários interlocutores simultaneamente. Acostume-se a usá-lo.

Zero

Quando falamos de endereços, números de telefone etc., geralmente pronunciamos o número "0" como [ou], e não como [zírou]. Podemos às vezes também dizer *zero*, somente para dar maior clareza. Usamos a palavra *zero* quando nos referimos a alguma quantidade cujo valor é nulo.

FALSOS COGNATOS

Attend = a) estar presente, ir regularmente; b) cuidar, tratar, dar atenção
Atender (chamada) = ***answer the call***
a) I am attending a workshop on international trade.
b) He will attend to this matter himself.

Remark = comentário
Remarcar (preços) = ***adjust, raise***
His remarks on the situation were comical.

ERROS COMUNS

• Atender ao telefone é ***to answer the phone***. É errado falar ~~to attend~~.

• Se estiver louco(a) (de raiva) com alguém use *mad **at/with** someone*. Se, em vez disso, você disser *mad/crazy **about** someone*, significa que está loucamente apaixonado(a) pela pessoa.

• Só usamos o termo *more or less* quando nos referimos a quantidades. Para dizer que estamos "mais ou menos", usamos *so-so* ou *sort of*.

• Os algarismos dos números de telefone são ditos um por um, mesmo os repetidos. Por exemplo, 555-1022 seria: five-five-five-one-oh/zero-two-two ou five-double-five-one-oh/zero-double-two, e não: ~~five-fifty-five ten twenty-two~~.

VOCABULÁRIO

Encontramos um telefone público (*pay phone*) e colocamos moedas na ranhura (*coin slot*), pois não sabíamos qual era a tarifa telefônica (*phone rate, toll*). Discamos o código de DDD (*area code*), o número e as teclas "*" (*star*) e "#" (*pound, number sign*) no teclado (*keypad*), para fazer uma chamada direta (*direct call*).

O telefone emitiu alguns sinais sonoros (*pips*), e a ligação (*connection*) foi completada (*got through*). Ouvimos uma mensagem gravada (*outgoing message*) na secretária eletrônica (*answering machine, answer phone*), pedindo para digitar o ramal (*extension*). Após alguns segundos, ninguém pegou (*picked up*) o receptor (*receiver*) do telefone e a chamada foi direcionada (*forwarded*) para um correio de voz (*voice mail*).

Não pudemos terminar de deixar recado (*leave a message*), porque a ligação foi cortada (*cut off*). Mesmo não tendo conseguido falar, a chamada (*call*) foi cobrada (*charged*), porque não era gratuita (*toll-free*).

Não havia nada no local de devolução de moedas (*coin release*), por isso tivemos de colocar mais algumas para fazer (*make*) outra ligação. Só que, dessa vez, deu linha cruzada (*crossed line*), alguém atendeu (*answered*), mas acabou por desligar (*hang up, put the phone down on us*) na nossa cara!

Tentamos outras vezes, sem sucesso, porque o telefone (*receiver*) devia estar fora do gancho (*off the hook*). Com isso, ficamos sem (*ran out of*) moe-

Contatos Telefônicos

das. Já no quarto do hotel, fomos pedir que fizessem uma chamada para nos despertar (**wake-up call**) numa hora marcada, mas o telefone não dava linha (**dial(ing) tone**), a linha estava muda (**dead line**). What a lousy day!

SINÔNIMOS AMERICANOS E BRITÂNICOS

Americano	Britânico	Português
Area code	*STD code*	Código de área, DDD
Busy	*Engaged*	Ocupado
Cell phone	*Mobile phone*	Telefone celular
Directory assistance	*Directory enquiries*	Auxílio à lista
Long-distance call	*Trunk call*	Chamada interurbana
Operator	*Telephonist*	Telefonista
Person-to-person call	*Personal call*	Chamada comum
Phone book/directory	*Phone directory*	Lista telefônica
Switchboard	*Telephone exchange*	Central/Mesa telefônica
(Tele)phone booth	*(Tele)phone/call box*	Cabine telefônica
To call (up)	*To ring (up), to phone*	Fazer uma ligação
To call collect	*To reverse the charges*	Chamar a cobrar
To connect with	*To put somebody through*	Chamar uma pessoa
Unlisted	*Ex-directory*	Número não listado

EXPRESSÕES ÚTEIS

Quando falamos ao telefone, tanto em português quanto em inglês, algumas frases são padronizadas, ditas sempre da mesma forma. É claro que podemos dizer a mesma coisa de várias maneiras. Porém, sempre que dizemos algo diferente do que é de costume, pode soar estranho para quem está nos ouvindo, principalmente porque a pessoa não está nos vendo.

Assim, nas conversas telefônicas é sempre recomendável usar frases comuns da maneira tradicional, para evitar mal-entendidos. Alguns exemplos:

Por favor, posso usar seu telefone? = *May I use your phone please?*
Alô, pois não? = *Hello, may I help you?*
Quem gostaria de falar? = *May I ask who is calling?*
Quem fala? = *Who's speaking?*
É o Genival = *Genival speaking*
Eu gostaria de falar com = *I'd like to speak to/with*
Estou tentando localizar o(a) Sr(a)... = *I am trying to reach Mr./Ms...*
Pode me transferir para = *Could you put me through to*
Um momento = *Just a sec/moment*
Por favor, aguarde = *Hold on, please / Please hold the line*
Para que número você ligou? = *What number are you calling?*
Está ocupado = *The line is busy/engaged*
É engano = *Wrong number*
Desculpe, número errado = *Sorry, I/you've got the wrong number*
Posso retornar a ligação? = *Can I call you back? / May I return your call?*
Eu ligo mais tarde = *I'll call you back later / I'll give you a ring later*
Gostaria de deixar recado? = *Would you like to leave a message?*
Poderia dar um recado? = *Could you take a message?*
Ninguém atende = *There's no answer*
O telefone não funciona = *The phone is out of order*
Pode falar mais alto/devagar = *Can you speak up/slow down?*
Favor desligar e chamar de novo = *Please hang up and try your call again*
Vou colocá-lo(a) no viva-voz = *I'm going to put you on the speakerphone*

CURIOSIDADES

Chamadas no Canadá

Fazer uma ligação de um telefone público no Canadá é uma experiência bastante positiva. As grandes cidades oferecem muitos aparelhos em locais públicos, e muitos deles têm até uma lista telefônica local na cabine. Quando completamos uma chamada, nos surpreendemos com a boa qualidade da conexão e com o fato de que raramente o sinal é de ocupado. Isso ocorre porque, além da secretária eletrônica, muitos números têm o recurso de *call forward* (encaminhamento de chamadas para outro número ou correio de voz).

Desse modo, nossas chamadas não se perdem e sempre acabam registradas (*recorded*) em algum lugar. Entretanto, o mais interessante mesmo é que, para chamadas locais, podemos utilizar um *calling card* ou moedas no valor de 25¢ e falar pelo tempo que quisermos, pois não há pulsos telefônicos!

Roaming service

Algumas operadoras de telefonia celular e alguns provedores de Internet oferecem a seus assinantes um serviços de *roaming* internacional. Ele faz a transferência automática e permite que o usuário de celular utilize o aparelho no exterior e seja acessado com o mesmo número do telefone no Brasil.

É claro que o custo é alto, mas pode ser muito conveniente se você estiver esperando chamadas importantes e precisar ser facilmente localizado(a).

No caso dos internautas, o serviço de *roaming* permite o acesso ao nosso provedor de Internet no Brasil a partir do exterior, com custos reduzidos. É bastante útil nas viagens, para acessar a rede mundial, nosso e-mail pessoal e o da empresa, ou fazer chamadas telefônicas via PC (***Voip – Voice over internet protocol***), com os serviços tipo ***Messenger*** ou ***Skype***.

Vale a pena informar-se a respeito desses serviços antes de viajar.

S.O.S.

Esse sinal de código internacional de pedido de socorro (***distress signal***) foi adotado no começo do século passado, por ser facilmente enviado e reconhecido na forma de código Morse. Ele é transmitido como três pontos, três traços e três pontos, que representam as letras S O S: . . . – – – . . .

Depois de escolhido, ele foi adaptado em inglês para significar *Save*

O Business!

Our Souls ou *Save Our Ship*, pois era muito usado por embarcações em perigo (*in jeopardy*).

Atualmente, apesar de todo o avanço das comunicações, o código S.O.S. continua muito conhecido e, por isso, pôde até ser usado em título de livro de inglês para negócios...

5
Viagens de Negócios

COMPORTAMENTOS E COSTUMES

Quando viajamos ao exterior a negócios, quase sempre chegamos ao país por via aérea. Alguns aeroportos, como os de *Gatwick* e *Heathrow*, na Inglaterra, contam com um eficiente serviço de metrô ou trens que partem praticamente de dentro do aeroporto.

As principais cidades da Europa e da América do Norte oferecem sistemas de transporte público bastante eficientes, compostos por ônibus, trens, metrôs, bondes (***street cars***) e táxis. O serviço pode ser melhor ou pior dependendo da cidade, mas, em geral, todos eles podem ser usados sem susto. A maior diferença em relação ao Brasil é que, de vez em quando, pode ocorrer um atentado a bomba ou ameaça do tipo, o que conturba um pouco as operações. A não ser por isso, as coisas funcionam direitinho, principalmente em relação à organização e aos horários.

Para circular na cidade, nada é tão conveniente quanto tomar um táxi, mas o metrô, quando disponível, nos livra do incômodo do trânsito. Há também os eficientes e baratos ônibus especiais para traslados (***shuttles***), que podem não ser práticos, dependendo de onde você está hospedado e da quantidade de bagagem que carrega. Pode ocorrer ainda de a empresa mandar um motorista, ou que você decida alugar um automóvel.

Além dos meios tradicionais, outra maneira de se transportar é a carona. Se você é um(a) executivo(a), não tente pegar carona (***hitchhiking*** [ritchirráikin]) com os veículos que passam, pois não iria pegar bem. Mas pedir uma carona (***ride*** [wraide]) para um conhecido (***acquaintance***) que trabalhe na empresa, seria uma atitude aceitável (***socially acceptable***):

Would you mind giving me a ride to my hotel?

Outra possibilidade é o rodízio de carona (*car pool*): um grupo de pessoas combina de irem juntas para o trabalho, no carro de uma delas, revezando-se de tempos em tempos.

Recepção no aeroporto

Se formos recebidos por alguém que não conhecemos, da empresa com a qual mantemos negócios, recomenda-se trocar informações prévias sobre nossa descrição física (*physical description*) e traje (*clothing, attire*), para que possamos nos identificar no aeroporto. Embora seja comum as pessoas portarem plaquinhas indicativas (*signs*) na chegada, sempre ajuda ter uma idéia das características de quem devemos procurar no desembarque.

Ao encontrar a pessoa, devemos nos apresentar normalmente, agradecer e procurar manter uma pequena conversa com aquela boa alma que ficou pacientemente nos aguardando. Comentários sobre a viagem em si e sobre o clima já são suficientes para mostrar como somos simpáticos.

Se quem nos recepcionou no aeroporto for alguém conhecido, então podemos agir com mais entusiasmo, caprichando um pouco mais, tanto nos cumprimentos quanto na conversa. Tudo para demonstrar o quanto apreciamos a mordomia (*perquisite* [pêrkuîzît], *perk* [pêrk]) de sermos recepcionados por aquela pessoa tão gentil.

Ônibus

Tomar ônibus na Inglaterra, Austrália, Estados Unidos ou Canadá é uma tranqüilidade: eles não são lotados (*full*) e passam nos pontos de parada em intervalos regulares e horários determinados. Como esses horários são afixados em cada ponto e têm uma tolerância máxima de dez minutos para mais ou para menos, podemos nos programar para não ficar esperando. Além disso, para tomá-los não é preciso dar sinal (*to wave*): basta estar próximo a um ponto (*bus stop*) para que os condutores parem automaticamente.

Táxi

Ao contrário do que vemos nos filmes, onde sempre aparece um táxi (*taxi, taxicab, cab*) vazio na hora certa, em muitas cidades é praticamente impossível parar um táxi na rua.

Viagens de Negócios

É mais fácil ligar para uma companhia de táxi (*cab company*), que enviará um carro sem qualquer custo extra. Os números constam nas páginas amarelas (*yellow pages*) ou em cartões colados nas cabines de telefones públicos espalhados pela cidade. Muitos aceitam até cartão de crédito (*credit card*).

Há algumas diferenças entre os táxis na América do Norte e na Inglaterra. Nos Estados Unidos e no Canadá, é possível tomar na rua um táxi comum, que são carrões pintados em cores específicas, como os *yellow cabs* de Nova York.

Existem também as limusines (*limousines*), chamadas abreviadamente de *limo*, que são táxis maiores, tipo *full-size car*. Ao contrário do que se pensa, uma limusine não tem necessariamente uma cabine adaptada e aumentada, separada do motorista, como os carrões usados por noivas e artistas: ela pode ser somente um grande e luxuoso carro de série. Além do luxo, a diferença entre um *cab* e uma *limo* é que as limusines fazem sempre um trajeto fixo, do aeroporto até o hotel e vice-versa, por exemplo. Dependendo do trajeto, uma corrida na *limo* sai mais barato que um *cab*. Contudo, não se pode tomar uma limousine no meio da rua, como é possível fazer com um *cab*: deve-se reservá-la por telefone ou tomá-la em pontos exclusivos de parada.

Já na Inglaterra, há dois tipos de táxi: os comuns (*minicabs*), que são mais baratos, e os **black cabs/taxis**, aqueles típicos táxis ingleses que parecem carros antigos de gângsteres. Hoje em dia, muitos são coloridos e não somente pretos. Os **black cabs** são muito amplos, luxuosos e confortáveis, não são tão antigos como parecem, e equivalem às limusines americanas, porém, são mais caros, fazem qualquer percurso e podem ser pegos no meio da rua.

Um fato que se nota, ao tomar um táxi no exterior, é que, geralmente, o motorista é um imigrante, com algum tipo de sotaque. Por isso, se quiser conversar, preste bastante atenção ao falar e ouvir e, se necessário, peça para repetir, para evitar confusões.

Aluguel de automóvel

Em comparação com o trânsito caótico das grandes cidades brasileiras, dirigir um veículo na Europa ou na América do Norte é muito fácil e tranqüilo, pelo menos quando não está nevando.

Mas há algumas diferenças importantes. Mesmo não estando em nosso país, temos de ficar a par das regras de trânsito locais, já que as autoridades locais supõem que as conheçamos. Alegar ignorância infelizmente não irá nos livrar (***bail out***) de possíveis encrencas. E não é nada agradável ter problemas com a lei precisando argumentar em inglês.

O documento mais comum de identificação é a carteira de motorista (***driver's license***). Ele não é de porte obrigatório se não se vai dirigir. É uma boa idéia tirar, no Brasil, uma carteira internacional de habilitação para usá-la no exterior, caso se queira conduzir um veículo alugado ou usar a carteira internacional como documento de identificação (***ID***). Sua validade máxima é de um ano e ela deve estar sempre acompanhada da habilitação brasileira.

Para alugar um carro nos Estados Unidos, o motorista deve ter mais de 21 anos e apresentar uma carteira de habilitação nacional ou uma ***international driver's license***. As locadoras de carros preferem pagamento em cartão de crédito. Se você não tiver um, eles exigirão uma alta quantia em dinheiro. Normalmente, não se aceita pagamento em dinheiro (***cash***) à noite e nos fins de semana. Isso também ocorrerá nos postos de gasolina. Entretanto, ***traveler's checks*** são bem aceitos em todo o país e você poderá ter o troco em dólares.

Ao alugar um carro, aceite sempre o seguro (***insurance*** [inchúrœns]) oferecido, que deve incluir uma cláusula de cobertura (***coverage***) contra danos causados por colisão (***collision damage waiver, CDW***), uma franquia (***deductible***) e, em especial, uma cláusula de responsabilidade civil com terceiros (***third-party liability*** [laiabíliti]).

Isso tudo porque, se nos envolvermos em algum acidente que resulte em danos a outras pessoas, os processos de indenização (***indemnity lawsuits***) podem ser milionários e a falta do seguro nos levar literalmente à falência. Note que o seguro dá cobertura apenas à pessoa cujo nome se encontra no contrato. Se o carro for emprestado ou alugado, o seguro pessoal terá que ser feito em nome do motorista.

Viagens de Negócios

Muitas locadoras oferecem carros equipados com GPS (*Global Positioning System*), um aparelhinho monitorado por satélite que indica numa tela a localização exata do veículo e qual caminho tomar para chegar ao destino. É muito útil para não quem não quer ficar perdido e funciona que é uma beleza...

Abastecimento

Para abastecer o carro, há dois tipos de posto de serviço (*gas station*, *service station*, *filling station*):

Full-service – posto de gasolina com fileira de bombas (*pumps*) onde os frentistas (*attendants*) abastecem o carro (*fill it up*), lavam o pára-brisas (*windshield*, *windscreen*), verificam (*check*) os pneus (*tires*) e o óleo (*oil*) etc. A gasolina (*gasoline*, *petrol*) é mais cara nesses postos.

Self-service – posto de auto-atendimento, onde o próprio motorista enche o tanque, limpa o pára-brisa, coloca água no esguichador (*washer*), calibra (*gage*, *gauge* [gueidj]) os pneus etc., e paga no caixa (*cash desk*).

Estacionamento

O ato de estacionar é rigidamente controlado. Ultrapassar (*exceed*) o período dos parquímetros (*parking meters*) ou estacionar em horários ou locais proibidos fatalmente resultará em multas (*tickets*, *fines*), que serão cobradas posteriormente pela locadora de automóveis em seu cartão de crédito. Mesmo dentro de propriedades particulares, como um estacionamento interno para visitantes de um edifício, você pode ser multado. Se não houver uma autorização (*permit*) do condomínio para pernoite (*overnight stay*) colocada no pára-brisa do carro, de manhã você poderá perceber que foi multado por um fiscal corujão durante a madrugada.

Você notará também que as melhores vagas (*parking spots*) estão reservadas aos deficientes físicos (*handicapped* [rændikæpt], *disabled*) ou estão diante de hidrantes (*hydrants* [ráidrœnts]). Nem pense em parar nesses locais se não quiser ter problemas, como ter seu carro multado e rebocado (*towed away*). No caso dos hidrantes, os bombeiros (*firefighters* [faierfáiters]) também quebram os vidros do carro para passar as mangueiras bem por dentro dele, em caso de incêndio. Legal, né?

Outro recurso muito usado contra infratores (*offenders*) é a imobilização do veículo: coloca-se uma trava (*lock*) nas rodas, que impede (*prevents*) a movimentação. Isso ocorre quando ultrapassamos o tempo normal de permanência no estacionamento de um shopping, por exemplo.

Nesse caso, é preciso dirigir-se à administração para liberar o carro, e lá o motorista aproveita para ouvir uma bronca e ainda levar uma multa, só para deixar de ser folgado...

Faróis acesos

Desde 1993, todos os veículos fabricados no Canadá vêm equipados com *daytime running lights*, um dispositivo obrigatório de segurança (*mandatory safety device*) que acende automaticamente as lanternas (*lamps*) dos carros assim que eles são ligados (*started*). Desse modo, os veículos circulam o tempo todo com os faróis acesos, mesmo durante o dia. Não estranhe, porque eles não podem ser desligados.

Garagens

Um fato interessante ocorre na América do Norte: raramente se guardam os carros nas garagens das casas, mesmo no inverno.

Ao circular por bairros residenciais à noite, nota-se que a maioria dos carros está do lado de fora (*outdoors*), sobre a calçada (*driveway*), em frente às garagens. Como lá o problema da segurança não é tão sério como aqui, por comodismo as pessoas deixam o carro fora. Mas isso ocorre principalmente porque as garagens são usadas como depósitos. Elas ficam tão abarrotadas de tranqueiras (*junk*) que acaba não havendo espaço para guardar os carros. E é por isso que, de tempos em tempos eles promovem as "vendas de garagem" (*garage sales*) para se livrar das tralhas. Dá para acreditar?

Gasolina

No exterior, ainda são poucos os postos que oferecem biocombustíveis.

Em compensação, há três qualidades de gasolina, que diferem no índice de octanas. Elas são também chamadas de **unleaded** [ânl_é_ded], pois não contêm um aditivo com chumbo (**lead** [léd]) para aumentar a octanagem. Quanto maior o número de octanas, melhor a qualidade: *regular* (89), *super* (91) e *premium* (93). No Brasil, a gasolina comum, que possui de 20% a 25% de álcool, tem índice 87, e a gasolina especial, tem índice 91.

Guardas de trânsito

Se um policial (*officer*) pará-lo(a) no trânsito de uma cidade da América do Norte, certamente vai pedir educadamente para ver sua carteira de motorista e os documentos do veículo. Não saia do carro sem ele mandar nem toque no guarda, pois ele pode puxar o revólver (**pull the gun**) para você e lhe dar o maior susto. Tentar suborno (**bribe** [bwraib]) com uma "cervejinha" também não é uma boa idéia: dará cana (*jail*) na certa.

Guinchos

Quando trafegamos pela América do Norte, nos surpreendemos com a quantidade de carros-guincho que circulam velozmente pelas vias, como se fossem motoboys. Isso ocorre porque há uma competição feroz (*fierce competition*) entre os serviços de guincho de automóveis (*auto-towing services*), para rebocar carros que apresentem problemas mecânicos ou tenham sido multados e devam ser retirados do local. Como é na base de "quem chegar primeiro leva", eles ficam com um sistema de radiocomunicação ligado o tempo todo, tentando descobrir onde há um carro com problema, para chegar lá rapidinho e faturar...

Modelos para alugar

Em geral, os modelos de carros europeus são os mesmos que temos no Brasil, e menores que os americanos. A maior diferença está nos carros de países que adotam a "mão inglesa", pela esquerda, que compreende cerca de um terço do mundo. Em lugares como Grã-Bretanha, África do Sul, Austrália, Cingapura, Hong Kong, Índia, Indonésia, Japão, Malásia e Nova Zelândia, o volante (*steering wheel*) fica do lado direito e o câmbio do lado esquerdo. Os pedais seguem a ordem que conhecemos, e não é tão difícil de se acostumar (*get used to*).

Carros que nós consideramos de tamanho médio, nos Estados Unidos são chamados de compactos; nossos carros grandes para eles são médios etc.

Mesmo os modelos mais simples são razoavelmente equipados (*equipped, loaded*); sempre possuem, por exemplo, ar quente (*heating*) e desembaçador (*defogger*). Na América do Norte, a maioria dos autos tem câmbio automático (*automatic*) e direção hidráulica (*power steering*), até os modelos pequenos. Se quiser dirigir um carro com câmbio manual, peça um *manual* ou *stick*.

Os automóveis são classificados por tamanho e tipo de carroceria, como aqui. Confira a equivalência, para quando alugar um veículo:

Tamanhos
Sub-compact: Ford Fiesta, Volkswagen Golf
Compact: Toyota Corolla, Opel Vectra
Medium-size: Honda Accord, Ford Mondeo
Full-size: Lincoln Town Car (sem equivalente no Brasil)
Sports: Mitsubishi Eclipse, Chevrolet Corvette
Sports Utility: Jeep Cherokee, Chevrolet Blazer
Van: Dodge Caravan, Renault Scénic

Tipos de carroceria
2 portas = *coupe* [kúup]
3 portas = *hatchback* [rætchbæk]
4 portas = *sedan* [sedæn]
Conversível = *convertible* [kœnvœrtœbœl]
Perua = *station wagon* [stêichan uægœn]
Caminhonete = *pickup truck* [pikâp trâk], *pickup van* [væn]

Pedestres

Nós, brasileiros, ficamos espantados com o tratamento que o pedestre (*pedestrian*) recebe nos Estados Unidos, Canadá, Europa, Japão ou Austrália. É só fazer menção de atravessar a rua para que os automóveis parem. Ocorre que nesses lugares os pedestres é que têm prioridade de passagem (*right of way*) em relação a qualquer veículo.

Outro aspecto a ser observado: em países como Inglaterra, Austrália e Japão, o tráfego circula pelo lado esquerdo das vias. É muito comum nos esquecermos disso e olhar para o lado errado da rua antes de atravessar, o que pode causar um atropelamento (*hitting*).

Aliás, o termo usado para descrever uma pessoa que está atravessando uma rua de maneira ilegal, perigosa ou sem prestar atenção é *jaywalker*. O termo vem do andar de um pássaro, o *jay* (gaio), que, pelo jeito, não deve ser um pedestre muito obediente...

Placas de automóvel

Em muitos países se permite utilizar placas (*license plates*) personalizadas (*customized*) nos automóveis particulares, com as letras formando nomes e palavras. Para isso, basta solicitá-las às autoridades e, é claro, pagar uma pequena taxa extra. Os motoristas que se adoram podem, então, colocar os próprios nomes em seus carros e sair por aí, todos orgulhosos e contentes.

Isso é possível porque as placas não pertencem aos veículos, mas aos motoristas que as registram. Quando trocamos de carro, levamos nossas placas conosco. Se não quisermos mais possuir um carro, podemos devolver a placa e receber um reembolso pelo seu valor. Gente fina é outra coisa...

Regras de condução

Com exceção das "autobahns", as superauto-estradas alemãs, onde não há limite máximo de velocidade (*speed limit*), em todos os lugares existem limites máximo e mínimo de velocidade nas ruas e rodovias, e a maioria dos motoristas os respeita. Portanto, fique atento: você pode ser multado não só por andar muito depressa, mas também por comportar-se feito uma lesma no trânsito.

Na América do Norte, é comum ultrapassar pela direita, mesmo nas auto-estradas, sem que os motoristas fiquem loucos da vida. Isso ocorre porque as vias são mais largas que aqui, os motoristas costumam olhar no espelho retrovisor (*rearview mirror*) do lado direito e não têm o hábito de ficar "costurando" (*zigzagging*) de um lado para o outro.

Porém, se estiver próximo a um ônibus escolar e ele parar, mesmo que do outro lado da rua, não ultrapasse, PARE! Se não o fizer, será considerado uma infração gravíssima, pelo risco de atropelar crianças. O mesmo procedimento se aplica ao cruzar com bondes que trafegam pelo meio da rua e param afastados do ponto de passageiros na calçada.

Na maioria das cidades americanas, canadenses e européias, os motoristas não buzinam (*honk* [rónk]), mesmo em congestionamentos (*traffic jams*). Só o fazem quando querem chamar a atenção para alguma situação de perigo. Em muitos lugares, é até proibido buzinar. Se você é daqueles que gostam de usar a buzina (*horn* [rórn]) para qualquer coisa, por favor contenha-se, para não dar bandeira nem levar uma multa.

Na América do Norte as conversões à esquerda (*left turns*) em cruzamentos (*intersections*) são feitas deste modo: os carros que trafegam à esquerda, em sentidos opostos, param no meio do cruzamento e ficam frente a frente, na mesma faixa (*lane*), como se fosse um duelo. Quando o semáforo muda para o amarelo, todos os carros nas outras faixas também param, e cada um dos "duelistas" pode então dobrar tranqüilamente à esquerda, sem problemas.

Para facilitar essas conversões, o verde do semáforo (*traffic lights/signals*) às vezes fica piscando por alguns segundos. Isso se chama ***advanced green***, e significa que os motoristas que têm o sinal piscando para eles podem aproveitar para virar à esquerda, pois os carros e pedestres da faixa oposta ainda estarão com o sinal vermelho e não poderão avançar.

Sistema métrico

Nos Estados Unidos, Reino Unido e Austrália, costuma-se medir as distâncias rodoviárias em milhas, a velocidade em milhas por hora e o volume em galões. Assim, a quilometragem é dada em milhagem (*mileage* [máilidje]), a velocidade em mph (*miles per hour*) e o consumo em *miles per gallon*.

Como uma milha equivale a 1,6 quilômetro e um galão corresponde a quase quatro litros, devemos tomar cuidado com o odômetro (*odometer*), o velocímetro (*speedometer*) e o medidor de combustível (*fuel* [fíuæl] *gauge*), para não estimar erroneamente distância, velocidade, tempo de percurso e consumo.

FALSOS COGNATOS

Offense = a) ofensa; b) infração, delito, crime; c) ataque
Ofensa = *offense*, *insult*
A palavra *offense*, apesar de também significar "ofensa", em situações de trânsito geralmente significa "infração":
a) *It would be an offense to refuse his invitation.*
b) *Drinking and driving is a serious offense.*
c) *This team has a strong offense.*

Porter = carregador
Porteiro = *doorman*
We will need a porter to carry this luggage.

ERROS COMUNS

• Uma placa *NO PASS*, significa que não se pode ultrapassar, e não que a passagem esteja proibida (*NO TRESPASSING*). Para ir se acostumando com algumas placas de trânsito diferentes, verifique a seção "Sinais de trânsito", no final do capítulo.

• Quando seu automóvel estiver quebrado, diga: *My car is broken down*. Se disser apenas *My car is broken*, vão entender que o carro está partido em dois...

• No caso de máquinas em geral que não estejam funcionando, como elevadores, copiadoras, máquinas de fazer café etc., usamos a expressão *out of order* para "quebrado", fora de uso.

• *Garage* além de ser um local fechado para estacionar, também é onde se conserta automóveis, uma oficina. Se dissermos: *I'm taking my car to the garage*, pode significar "Estou levando meu carro para o conserto".

• *Welcome, alien!*

Caso escute isso, não se sinta um alienígena ou ser de outro planeta: *alien* é simplesmente "estrangeiro", alguém que não é cidadão daquele país.

VOCABULÁRIO

Aeroporto

Primeiro, pegamos uma fila (*line*, queue [kiu]) para o *check-in*. Não tivemos de pagar a tarifa aérea (*air fare*) da passagem (*ticket*) nem a taxa de embarque (*boarding tax*), pois já estavam pré-pagas (*prepaid*), mas sem direito a reembolso (*reimbursement*). Verificamos, então, se estávamos recebendo (*earning*) o crédito da milhagem (*air miles*) correspondente.

Perguntaram se tínhamos alguma preferência de assento (*seating preference*), e escolhi a janelinha (*window seat*) em vez do corredor (*aisle seat* [áil sit]) ou do meio (*in the middle*). Recebemos, então, nosso cartão de embarque (*boarding pass*).

Despachamos (*checked in*) a bagagem (*baggage, luggage*) no balcão (*counter*) e pegamos o recibo (*receipt* [wricíit]). Olhamos o painel de informações (*arrivals and departures board, timetable*) para confirmar os horários de partida (*departure schedule, timetable*) dos vôos.

Como estávamos adiantados (*ahead of time*) e o vôo estava no horário (*on time*), fomos até a banca de revistas (*newsstand*) comprar um livro muito simpático e interessante para a viagem, chamado *O Business!*

De lá, fomos para o portão de embarque (*boarding gate*). Ficamos fa-

Viagens de Negócios

zendo hora (*doing time*) no saguão de espera (*waiting lounge*) até ouvir o aviso de última chamada (*last call*) e o aviso (*warning*) de embarque imediato (*now boarding*).

O vôo deveria ser direto, sem troca de aeronave (*direct flight*) e sem escalas (*nonstop flight*), mas o piloto acabou fazendo uma parada (*stopover*) que não estava programada (*nonscheduled*).

Dirigimo-nos ao balcão da companhia responsável pela transferência (*transfer desk*) para pegar uma conexão (*connecting flight*). Tivemos de passar novamente a bagagem de mão (*carry-on, hand luggage*) pela máquina de raios X (*x-ray, scanner*) para uma inspeção de segurança (*security check*).

Na entrada para a aeronave, uma comissária (*flight attendant*) gentil nos indicou o caminho, dizendo: *Step this way*. A decolagem (*take-off*) foi tranqüila e o pouso (*landing*) também. Pegamos nossas malas na esteira transportadora (*conveyor*) da área de bagagem (*baggage claim*) e fomos para a saída do setor de chegadas (*arrivals*).

No controle de passaportes (*passport control*), o funcionário da imigração (*immigration officer*) usou os procedimentos de praxe (*standard procedures*): verificou nosso visto de entrada (*entry visa*), perguntou se estávamos a negócios ou a passeio (*business or pleasure*), a duração (*duration*) da viagem, o local da estadia (*place of stay*) etc.

O bom foi que passamos pela alfândega (*customs*) sem termos de pagar impostos alfandegários (*duties*), pois trouxemos apenas objetos (*articles*) de uso pessoal (*for our personal use*). *Welcome to a brave new world!*

Aluguel de automóvel

Fomos alugar (*rent, hire*) um carro numa locadora de veículos (*car rental/hire*). Aceitamos uma oferta (*offer*) de aluguel com taxa semanal (*weekly rate*) e bônus de milhagem de graça (*free miles*). Poderíamos pagar em dinheiro ou cartão de crédito (*cash or charge*), mas escolhemos essa opção para não ter de deixar um depósito (*deposit*) muito alto.

Lemos atentamente o contrato de aluguel (*rental agreement*), principalmente as letras miúdas (*small print*), e verificamos se não havia nenhum arranhão (*scratch*), amassado (*dent*) ou batidinha (*fender-bender*) nos pára-choques e pára-lamas (*bumpers and fenders*).

Ao sair, entramos na contramão (*wrong way*), pois nem percebemos (*realized*) que era uma rua de mão única (*one-way street*). Também entramos numa rua sem saída (*dead-end street*), mas rapidamente demos marcha à ré (*reverse gear*) e fomos em frente.

Não demorou muito e tivemos um pneu furado (*flat tire, flat*). Não sabíamos se havia um macaco (*jack*). Paramos no acostamento (*shoulder*) e logo apareceu um policial de trânsito (*traffic policeman/warden*) para nos ajudar.

Ele aproveitou para checar os faróis (*headlights*), as lanternas traseiras (*tail lights*) e as setas (*indicator lights, turn signals*). Trocamos (*changed*) o pneu e perguntamos ao policial o que fazer no caso de o carro quebrar (*break down*).

Ele disse para ligarmos para o serviço de socorro de auto (*road assistance, rescue service*) da locadora. Seguimos viagem e, por engano (*by mistake*), entramos numa estrada com pedágio (*toll road, turnpike*), e tivemos de pagá-lo (*pay toll*). That's life...

Táxi

Chegamos no horário de pico (*rush hour*) e sabíamos que o trânsito estaria ruim (*bad traffic*). Fomos chamar (*hire, hail*) um táxi e, na esquina (*corner*), já havia um ponto (*taxi stand*). O carro era um daqueles modelos com taxímetro (*metered taxicab*).

Assim que entramos, o motorista (*taxi driver, cabbie, cabby*) o acionou, pois não trabalhava com tarifas pré-estipuladas (*flat rates*). Ele nos perguntou para onde (*where to?*) queríamos ir. Era um tipo muito falante (*talkative*), parecia até um guia turístico (*tour guide*).

Chegamos ao hotel, pagamos a tarifa (*fare*) indicada no taxímetro (*taximeter*) e dissemos ao motorista que poderia ficar com o troco (*keep the change*). Ele ficou satisfeito porque recebeu uma boa gorjeta (*tip*) e nos acenou (*waved*) desejando uma boa estadia: Enjoy your stay! So kind...

Coach

Se, ao chegar à América ou à Europa, lhe disserem para pegar um *coach* [kôutch], coche, não estranhe: você não voltou ao tempo das carruagens. Esse termo vem daquela época, mas hoje significa "um ônibus que faz um trajeto longo" ou "um vagão de trem". *Coach class* também é o mesmo que *tourist*, *economy class*, e quer dizer "classe econômica".

Endereços

Quando recebemos uma informação de endereço, o tipo de via (rua, avenida, alameda) é pronunciado por completo, mas é quase sempre escrito de forma abreviada. Para saber do que se trata, veja abaixo o significado de algumas dessas abreviações:

AVE – *Avenue*
BLVD – *Boulevard*
CIR – *Circle*
CL – *Close*
CRES – *Crescent*
CT – *Court*
DR – *Drive*
HWY – *Highway*
LN – *Lane*
PKWY – *Parkway*
PL – *Place*
RD – *Road*
SQ – *Square*
ST – *Street*

Shuttle

Para cobrir distâncias aéreas curtas, em vôos freqüentes, usamos uma ponte aérea. Também nos Estados Unidos, os vôos que ligam *Boston*, *New York*, *Philadelphia* e *Washington*, por exemplo, são chamados de ***air shuttle***.

Um *shuttle service* é oferecido por qualquer meio de transporte (trem, ônibus ou avião) que faça viagens freqüentes de ida e volta entre dois pontos. Pode ser desde um ônibus ou trenzinho para trajetos curtos, traslados, transporte de conexão, até uma *space shuttle* como a *Discovery*, que vai até o espaço e volta. Alguns hotéis também oferecem serviço de *shuttle* entre si até os aeroportos e vice-versa.

Subindo e descendo

Usamos a expressão *get on* para subir, embarcar em, e *get off*, para descer, desembarcar de um meio de transporte grande como um ônibus, trem, navio ou avião:

She got on the bus/train/ship/plane.
She got off the bus/train/ship/plane.

Entretanto, dizemos *get in/into*, para subir, embarcar em e *get out*, para descer, desembarcar de um meio de transporte pequeno como um carro, táxi ou barco:

She got in/into the car/taxi/boat.
She got out the car/taxi/boat.

As exceções são a bicicleta e o cavalo, que também são veículos pequenos:
She got on the bicycle/horse.
She got off the bicycle/horse.

Mas, não se preocupe com isso, pois sendo um(a) executivo(a) de sucesso, você não precisará chegar aos seus compromissos usando esses meios de transporte....

Em um prédio, usamos o verbo *to take* ao indicar o acesso a qualquer meio utilizado para ir para cima (*upstairs*) ou para baixo (*downstairs*):

Escada = *take the stairs*
Stair (singular) = degrau
Ladder = escada de mão
Elevador = *take the elevator/lift*
Escada rolante = *take the escalator*
Rampa = *take the ramp*

SINÔNIMOS AMERICANOS E BRITÂNICOS

Americano	Britânico	Português
Baggage	*Luggage*	Bagagem
Cops	*Bobbies, cops*	Policiais, tiras
Deductible	*Excess on the policy*	Franquia de seguro
Detour	*Diversion*	Desvio
Driver's License	*Driving Licence*	Carteira de motorista
Downtown	*Town centre*	Centro da cidade
Gage	*Gauge*	Medidor, marcador
Gas, gasoline	*Petrol*	Gasolina
Gas/service station	*Filling station*	Posto de gasolina
Highway	*Motorway, carriageway*	Auto-estrada
Hood	*Bonnet*	Capô do carro
Intersection	*Crossroads*	Cruzamento
License plate	*Number plate*	Placa de veículo
Line	*Queue*	Fila
Lost and found	*Lost property*	Achados e perdidos
One-way ticket	*Single ticket*	Bilhete de ida
Parking lot	*Car park*	Estacionamento
Railroad	*Railway*	Estrada de ferro
Round trip	*Return*	Ida e volta
Schedule, timetable	*Timetable*	Tabela de horário
Shop	*Garage*	Oficina mecânica
Sidewalk	*Pavement*	Calçada
Station wagon	*Estate car*	Perua (automóvel)
Subway	*Underground, tube (London)*	Metrô
Taxicab, cab	*Minicab*	Táxi comum
Taxi stand	*Taxi rank*	Ponto de táxi
Tire	*Tyre*	Pneu
To rent	*To hire, to let*	Alugar
Truck	*Lorry*	Caminhão

Americano	Britânico	Português
Trunk	*Boot*	Porta-malas
Vacations	*Holidays*	Férias
Windshield	*Windscreen*	Pára-brisa
Yield	*Give way*	Dê a preferência

EXPRESSÕES ÚTEIS

Could you give me a lift/ride? = Poderia me dar uma carona?
Fill 'Er (it) up = Encha o tanque
Go straight ahead = Vá sempre em frente
Hurry up = Rápido/depressa/apresse-se
I'm in a hurry = Estou com pressa
Just drop me off right there = Pode me deixar logo ali
Please get me a cab = Chame um táxi, por favor
Pull over = Encoste o carro
What (happens) if the car breaks down? = E se o carro quebrar?

CURIOSIDADES

Body shop

No inglês americano, uma oficina mecânica é um **shop**. A carroceria de um automóvel é **body**. Daí vem o termo **body shop**, que significa "oficina de funilaria".

Não é por acaso que esse nome é usado por uma famosa companhia de cosméticos britânica, **The Body Shop**. Além de ser um termo conhecido, ele também pode ser interpretado como "A Loja do Corpo". É uma boa sacada de *marketing* para um nome.

Sinais de trânsito

Ao dirigir no exterior, podemos encontrar alguns sinais de trânsito cujos significados não são muito fáceis de entender. Eis alguns deles:

BOX JUNCTION = não ficar sobre as faixas bloqueando o cruzamento

CAR POOL = pista liberada somente para tráfego de veículos com duas ou mais pessoas

DEAD END = via sem saída

DETOUR = DIVERSION = desvio

EXACT CHANGE = deve-se ter a quantia exata, pois não se dá troco

MERGE = confluência de pistas

NO THROUGH ROAD = proibido atravessar a pista

NO U TURN = proibido retornar

PED XING = abreviação de *pedestrian crossing*, travessia de pedestres

TOLL AHEAD = pedágio à frente

TOW-AWAY ZONE = veículo sujeito a ser guinchado pela polícia em caso de estacionamento irregular

YIELD = GIVE WAY = dê a preferência

Woman's Power

Em inglês, aprendemos que o pronome neutro *it* é usado para coisas em geral. Entretanto, costuma-se usar o tratamento feminino *she* para se referir a certas máquinas como automóveis, trens, navios ou aviões, como se elas fossem mulheres. Assim, ao encher o tanque do carro, por exemplo, dizemos:

*Fill **her** up*. É o poder das mulheres, também na língua inglesa..

6
Contatos Comerciais

COMPORTAMENTOS E COSTUMES

Com o avanço da globalização, torna-se cada vez mais importante buscar parcerias comerciais internacionais, seja por meio de contato direto com empresas estrangeiras ou através de feiras, exposições e eventos. Para sermos bem-sucedidos nessa missão, devemos tentar reduzir ou eliminar os conflitos naturais com os parceiros em potencial. Precisamos conhecer, além da língua, a cultura e o modo de agir das pessoas com as quais negociamos, para criar um clima de negócios harmonioso e adequado (*proper*).

Para tanto, podemos desenvolver certas habilidades específicas para nos relacionarmos da melhor forma possível com clientes e fornecedores. É o que veremos a seguir.

NEGOCIAÇÕES

Negociar é uma arte e, mesmo que não tenhamos um dom natural para isso, podemos aprender alguns princípios e aplicar algumas técnicas para melhorar nosso poder de negociação. Vejamos como:

Preparação da negociação

Pesquisa – Prepare-se bem. Descubra o máximo que puder sobre a empresa e as pessoas com as quais você vai negociar. Converse com seus contatos (*connections*) pessoais e de negócios que já tiveram experiência com essa cultura estrangeira, e procure juntar (*gather*) o máximo de informações possíveis sobre ela: história, geografia, costumes, atualidades, economia, política etc. A Internet é sempre uma ótima fonte de informação. *Do your homework.*

Planejamento – Planeje e revise cuidadosamente as etapas (***steps***) a serem seguidas durante a negociação e sua estratégia (***strategy***), levando em consideração tanto a personalidade e a posição da outra parte quanto a sua.
Sempre que possível, tente obter um pouco mais de tempo para seu compromisso de negócios do que aquele que seria normalmente necessário com brasileiros, pois devido às diferenças lingüísticas e culturais, as partes procederão (***will proceed***) com mais cautela (***caution, care***).

Parâmetros – Conheça seus limites. Saiba até onde você poderá ir para chegar a um acordo (***reach an agreement***). Conhecendo seus limites e suas razões, você irá se sentir mais seguro(a) e confortável. Estabeleça áreas de comum acordo (***common ground***) e possíveis conflitos antes de iniciar.

Objetivos – Selecione alguns objetivos específicos (***goals***) de sua negociação, definindo claramente o que está negociando. Será menos complicado se você puder negociar uma coisa (***one thing***) de cada vez (***at a time***). Concentre-se (***focus on***) no longo prazo (***long term***), não esquecendo que os benefícios reais podem vir mais tarde. De nada adianta obter somente vantagens imediatas, deixando a outra parte em posição tão desfavorável que ela não queira mais fazer negócios. É de seu interesse (***your concern***) chegar a um acordo que agrade a ambas as partes (***both parties***), agora e no futuro.

Dicas de negociação

Afinidade – É essencial ter afinidade (***rapport***) desde o primeiro momento do encontro, para começar bem. Tente criar uma atmosfera harmoniosa no início da negociação. Procure estabelecer pontos de vista comuns, para cultivar uma empatia (***empathy***) com a outra parte. Lembre-se de chamar a outra pessoa pelo nome sempre que possível, promovendo um ambiente (***atmosphere, environment***) de confiança (***trust***), e amizade (***friendship***).

Normalmente uma conversinha social (*small talk*) é uma ótima maneira de se quebrar o gelo (*break the ice*).

Linguagem – Use uma conversa simples e direta (*straight talk*). Procure adaptar o diálogo ao nível cultural, socioeconômico e etário do negociador. Evite vocabulário e frases que você não tenha certeza da pronúncia ou não conheça bem o contexto de sua utilização. Caso esteja acompanhado(a) de brasileiros, evite falar com eles em português à mesa de negociações. Se tiver de fazê-lo, traduza posteriormente o que foi dito, para demonstrar sua transparência (*transparency*) de propósitos (*purposes*). Concentre-se em seus pontos-chave (*key points, bottom line*). Use o mínimo de razões possíveis para persuadir (*persuade*). Lembre-se de que quanto mais se fala, menos as pessoas tendem a ouvir. Se você não entender algo, pergunte. Não coloque em risco (*jeopardize*) sua negociação por causa de algo que você não compreendeu. Afinal, o inglês é uma língua estrangeira para você, e pode ser enganosa e cheia de truques (*tricky*).

Atenção – Escute com cuidado e dê atenção aos pequenos detalhes. Isso ajudará a evitar mal-entendidos (*misunderstandings*) e criará um espírito de cooperação. Um bom negociador tem que ser um bom ouvinte, freqüentemente verificando se o que se está falando está sendo compreendido por ambas as partes. Sempre faça revisões (*reviews*) em intervalos regulares, para clarear e retificar (*rectify*) quaisquer dúvidas. Dispense à outra parte toda a sua atenção (*undivided attention*).

Atitude – Seja sempre construtivo(a) e positivo(a). Trate o outro negociador com respeito e tato (*sensibility*). Permaneça fiel (*loyal*) a seus objetivos e mantenha-os claros em sua mente. Paciência e persistência são também qualidades essenciais para os bons negociadores. Não recue (*retreat*) nem ceda (*yield*) já na primeira adversidade. Se necessário, peça um tempo (*break*) e diga que vai pensar a respeito (*think it over*).

Flexibilidade – Lembre-se de que bons negociadores são flexíveis e sempre têm pronto algum plano alternativo (*contingency plan, plan B*). Desse modo, você poderá oferecer uma variedade de opções durante as negociações, caso surjam problemas ou situações de impasse (*deadlock*). Esteja preparado para, diante de fatos novos, fazer concessões (*compromise*) e abrir mão de algo (*give something up*) se necessário, até mesmo revendo seus limites originais.

Acordo – Chegando a um acordo, feche o negócio (*close the deal*) com clareza e determinação. Confirme por escrito (*in written*), passo a passo (*step by step*), todos os pontos acertados em sua negociação, verificando os itens que precisam de algum tipo de ação posterior. Depois, com mais calma, faça uma avaliação (*assessment*) de tudo que ocorreu, para reunir mais elementos para futuras negociações.

Comércio internacional

O crescimento das operações de comércio internacional, o aumento do uso das comunicações eletrônicas nas transações comerciais e as mudanças nas práticas de transporte de mercadorias, tornaram necessária a padronização nos procedimentos de importação e exportação (*import / export*). Para tanto, a Câmara de Comércio Internacional desenvolveu um conjunto (*set*) de regras para regularizar os termos mais comuns de mercado, os *Incoterms – International Commercial Terms*.

Assim, os preços das mercadorias são cotados incluindo-se as siglas de três letras seguidas do destino designado. Os *Incoterms* se dividem nos seguintes grupos:

Grupo E de *Ex* (Partida – Mínima obrigação para o exportador) – Mercadoria entregue ao comprador no estabelecimento do vendedor:

| EXW | *Ex Works* | entregue no local de produção do vendedor |

Grupo F de *Free* (Transporte Principal não Pago Pelo Exportador) – Mercadoria entregue a um transportador (*carrier*) indicado pelo comprador:

FCA	*Free Carrier*	entregue ao transportador no local designado
FAS	*Free Alongside Ship*	entregue fora do navio no porto designado
FOB	*Free on Board*	entregue embarcada no local designado

Grupo C de *Cost ou Carriage* (Transporte Principal Pago Pelo Exportador) – O exportador contrata o transporte até o destino designado, sem assumir custos de eventos ocorridos após o embarque (*shipping*) e despacho (*forwarding*):

CFR	Cost and Freight	custo e frete até porto designado incluídos
CIF	Cost, Insurance and Freight	custo, seguro e frete incluídos no preço
CPT	Carriage Paid To	transporte até o local designado incluído
CIP	Carriage and Insurance Paid	transporte e seguro incluídos no preço

Grupo D de *Delivery* (Chegada – Máxima obrigação para o exportador) – O exportador se responsabiliza por todos os custos e riscos para colocar a mercadoria no local de destino, por exemplo, nas dependências do importador:

DAF	Delivered At Frontier	entregue no local designado na fronteira
DES	Delivered Ex Ship	entregue embarcada no navio designado
DEQ	Delivered Ex Quay	entregue no cais designado e taxas pagas
DDU	Delivered Duty Unpaid	entregue no local designado, taxas não pagas
DDP	Delivered Duty Paid	entregue no local designado, taxas pagas

Contatos Técnicos

Em feiras, exposições e licitações (*biddings*) internacionais, é comum os contatos comerciais envolverem também aspectos técnicos de um produto ou serviço. Nesse caso, leve em conta o seguinte:

• Tenha sempre à mão dados e especificações técnicas sobre seu produto;
• As pessoas não gostam de mostrar desconhecimento sobre características técnicas, mas se interessam por benefícios e soluções. Use então palavras atraentes como: vantajoso (*advantageous* [ædvæntêidjœs], *profitable*, *beneficial*), econômico (*economical*, *cost-effective*), conveniente (*convenient* [kœnvíniænt]) etc., para descrever seu produto. Procure mostrar, de uma

maneira simples e clara, os benefícios e vantagens das especificações técnicas (*specs*), mas sem ofender a inteligência do outro;

• Caso perceba problemas de comunicação, seja paciente, pergunte bastante ou comece de novo. Apresente sua proposta somente após haver explorado e sondado bastante todos os aspectos do negócio;

• Após encaminhar a negociação, enquanto aguarda notícias, envie uma notinha de agradecimento (*thank-you note*) pelo encontro realizado.

• Após firmar um acordo, faça um acompanhamento para controlar o que foi acertado (*agreed*) e buscar outras oportunidades com o parceiro.

Contratos

Os contratos por escrito (*written contracts/agreements*) são partes fundamentais das negociações na América do Norte, Europa e em muitos países. Ao negociar com pessoas estrangeiras, pode ser útil conhecer as normas contratuais daquela cultura, como e quando os contratos são usados e como os costumes tradicionais afetam as práticas comerciais (*commercial procedures*) vigentes (*in force*).

Devemos ter em mente que muitas das expressões normalmente utilizadas em contratos no Brasil simplesmente não têm tradução adequada para o inglês e vice-versa, além de as legislações (*legislation*) comerciais poderem ser bastante distintas.

Tentar usar um contrato em português como modelo e traduzi-lo para o inglês provavelmente resultará em um documento com algumas cláusulas (*clauses*) estranhas (*awkward* [ókuœrd]) e incompreensíveis (*incomprehensible*).

Se precisar redigir (*draw up*) em inglês contratos comerciais (*business agreements*), procure o serviço de profissionais que tenham vivência em ambas as culturas. O ideal é que sejam especializados e experientes em negócios entre os dois países, e não somente conheçam bem as línguas portuguesa e inglesa.

Cronogramas

A maioria dos projetos de negócios possui cronogramas (*schedules*, *timetables*) bem definidos, e desrespeitar prazos finais (*deadlines*) pode afetar todos os profissionais envolvidos.

Uma das diferenças que percebemos nas negociações com outras culturas é que a noção de cronogramas e prazos (*terms*) pode ter diferentes significados. Para a maioria dos europeus não latinos e americanos, cumprir prazos (*meet deadlines*) é uma parte crítica dos negócios. Atrasos (*delays*) são muitas vezes vistos com impaciência ou irritação.

No Japão, os cronogramas também são muito importantes, mas devido ao complexo e lento processo de tomada de decisão (*decision-making*) de muitas empresas japonesas, os atrasos são comuns. Em geral, os projetos precisam da aprovação de vários níveis de gerência (*management levels*) antes que possam começar (*start up*). Devemos ser pacientes, mas uma vez iniciado o projeto, podemos contar (*count on*) com o cumprimento das datas programadas.

Já com latinos e árabes é comum não se cumprir prazos, e os negociantes já têm a expectativa de que as datas podem mudar durante um projeto.

Nessas culturas, tentar manter um planejamento rígido de prazos nem sempre é possível. Podemos sugerir um prazo, mas devemos ser flexíveis com relação a cumpri-lo. *Don't worry, be happy.*

Diferenças de opinião

Quando passamos a trabalhar com estrangeiros, percebemos que cada cultura lida (*handles*) de maneira distinta com as diferenças de opinião.

Nos países anglo-saxões como Estados Unidos, Canadá, Austrália e Grã-Bretanha, onde a discussão aberta é incentivada (*encouraged*), os conflitos são comuns, pois diferenças de opinião são consideradas uma parte natural da comunicação.

Nesses países, as pessoas costumam manter discussões abertas e francas, mesmo se isso levar a um confronto. Em um ambiente de negócios podemos presenciar discussões entre colegas de trabalho a respeito de qualquer assunto. Entretanto, o conflito não é visto como negativo, pois leva ao debate e a novas soluções.

Saber acomodar com eficiência os diferentes pontos de vista tornou-se portanto uma habilidade gerencial (*management skill*) bastante valorizada nesses países.

Já nos países orientais, procura-se sempre evitar o confronto (*confrontation*). As pessoas apresentam suas idéias e esperam que os outros façam o mesmo.

Elas preferem buscar o acordo sem rejeitar publicamente as opiniões de outros. Nas reuniões de negócios, os subordinados raramente discutem abertamente com seus superiores. Para eles, isso é uma demonstração de respeito e reflete a importância cultural da cortesia, harmonia e confiança.

Quando estivermos negociando, devemos então observar e respeitar essas diferenças de estilo entre as várias culturas, para termos sucesso.

Feiras e exibições internacionais

Atualmente, todos nós sabemos da importância de divulgar nossos produtos e serviços em nível mundial. Para isso, além de manter uma página institucional de nossa empresa na Internet, em inglês, podemos participar de feiras e exposições internacionais. No caso de eventos no exterior, é muito importante nos programarmos com bastante antecedência (*well in advance*), para não perder (*miss*) os prazos de inscrição (*registration deadlines*).

Assim que decidirmos (*make up our minds*) participar de algum deles, devemos reservar um estande (*book a booth/stand*), enviando o formulário de inscrição (*application form*) preenchido juntamente com um pagamento aos organizadores.

Os custos e o aborrecimento (*annoyance*) em geral são grandes, especialmente com os trâmites alfandegários (*customs clearance*).

Porém, se com nosso empenho (*endeavo(u)r* [indévœr]), obtivermos sucesso e cumprirmos (*meet, fulfill*) nossas metas (*goals, targets*), as recompensas (*rewards*) do ponto de vista comercial e financeiro também poderão ser significativas. *No pain, no gain...*

Contatos Comerciais

No means no

É interessante notar que na cultura anglo-saxônica, mesmo em situações de negócios, as pessoas têm uma atitude bastante direta quando desejam dar uma resposta negativa a uma pergunta ou solicitação. Muitas vezes respondem simplesmente com um *no*, sem maiores explicações ou justificativas. Isso pode parecer rude para nós, que estamos acostumados a contar ou ouvir longas histórias geralmente inventadas (*made up*) quando uma resposta é negativa.

Entretanto, com essa atitude, os estrangeiros não estão sendo mal-educados, eles simplesmente não querem, não podem ou não sabem atender ao nosso pedido e consideram que um simples "não" seja suficiente para que entendamos isso, sendo desnecessário inventar alguma desculpa esfarrapada (*lame excuse*). Pode parecer um estilo curto e grosso, mas pelo menos é prático...

Sistema de medidas

Apesar de a grande maioria dos países já haver adotado o Sistema Métrico Internacional (metro, litro, quilo e grau Celsius), alguns países de língua inglesa ainda mantêm o Sistema Imperial (pé, galão, libra e grau Fahrenheit), com destaque para Reino Unido, Estados Unidos e Austrália. Muitas vezes, as pessoas com as quais conversamos não têm a menor idéia sobre as unidades que usamos aqui, o sistema métrico.

Para demonstrar nossa capacidade de adaptação e nossos conhecimentos da língua, é bom termos noção das unidades usadas por lá, a fim de saber de que quantidade se está falando.

Em conversas informais, para se ter uma idéia aproximada (erro menor que 10%) e fazer um cálculo rápido (os valores exatos se encontram ao final do livro, nas "Tabelas de Conversão"), podemos calcular assim:

Temperatura

Note que a tabela de graus *Fahrenheit* [færœnrráit] começa em 32 e a de Celsius em 0. Portanto, para se converter aproximadamente ºF para ºC, subtraia 30 e divida por dois. De ºC para ºF, multiplique por 2 e some 30.

2 Graus (*degrees* [digrís]) Fahrenheit ⟷ 1º Celsius

Comprimento

2 Polegadas (*inches* [íntches])	↔	5 centímetros
3 Pés (*feet* [fiit])	↔	1 metro
1 Jarda (*yard* [iárd])	↔	1 metro
2 Milhas (*miles* [máiels])	↔	3 quilômetros

Volume

1 Galão (*gallon* [gæloen])	↔	4 litros
2 Quartilhos (*pints* [páints])	↔	1 litro

Massa

2 Libras (*pounds* [páunds])	↔	1 quilo
3 Onças (*ounces* [áunces])	↔	100 gramas

To be or not to be

Algumas pessoas que não têm típicos nomes ingleses às vezes transformam seus nomes próprios no equivalente em inglês para facilitar a pronúncia nessa língua. Fazem isso para serem aceitos mais facilmente, ou até mesmo parecerem mais chiques. Assim, ao sermos apresentados a alguém chamado *John*, podemos descobrir posteriormente que se tratava do João, que *Frank* era antigamente o Chico, que *Mary* nasceu como Maria, que *Joseph* (*Joe*) na verdade era o Zé e que *Ben* se chamava Benedito, mais conhecido como Dito...

FALSOS COGNATOS

Carton = caixa de papelão
Cartão = card, *cardboard* (papelão)
I am certain the brochures are somewhere in a carton.

Expert = perito, especialista
Esperto = *smart, clever, sharp*
You'd better call an expert to solve this.

Tentative = a) experimental, provisório; b) hesitante, incerto
Tentativa = ***attempt*, *trial***
a) For now, all we can get is a tentative agreement.
b) From her tentative smile, we just couldn't tell if she was happy.

ERROS COMUNS

Sons altos

Um som alto está **loud** e não ~~high~~.
The sound is much too loud, I can't hear you.
Se dissermos *Your voice is high*, significa que a voz é aguda, e não "alta"
Para pedirmos a uma pessoa que fale mais alto, usamos **speak up**:
Could you speak up a little, we can't hear you.
Quando o som alto passa a ser barulhento, usamos **noise**:
People are making such a noise that it is hard to talk.

Lembretes

• "Arquivo" de escritório (mobília) é ***filing*** [fáilin] ***cabinet***. "Arquivo", no sentido de "pasta, dossiê, fichário", é ***file***.
• ***Bad*** e ***awful*** [óful] também podem significar "muito": *I need it bad* (Preciso muito disso); *I am awfully tired* (Estou muito cansado).
• "Cingapura" em inglês se escreve com "S" e "O": **Singap<u>o</u>re**.
• ***Component*** pronuncia-se [kœmpôunœnt]. A sílaba forte está no "pon".
• ***Discussion*** tem o sentido de discussão positiva, debate, troca de idéias. Se quisermos falar de bate-boca, briga, dizemos ***quarrel*** [kuówrœl].
• ***Signature***, com o sentido de assinatura do nome, não deve ser confundida com ***subscription***, que se refere à assinatura de algum serviço, como TV a cabo, jornais e revistas.
• "Último", no sentido de "o mais recente", é ***latest*** e não ~~last~~:
  Our latest model is the best ever.

VOCABULÁRIO

Contratos

Mesmo não sendo peritos (*experts*) no assunto, aprendemos alguns termos jurídicos (*legalese* [ligalíiz]) importantes, que se referem a contratos (*contracts*) em geral. Com isso, pudemos firmar (*sign*) um acordo (*agreement*) de parceria (*partnership*) que nos foi concedido (*awarded* [œu*ó*rded]) pelos sócios-proprietários (*co-owners*).

Ele foi redigido (*drawn up*) e registrado (*registered*) em cartório (*notary public*) depois que chegamos a um entendimento (*come to terms*) com nosso parceiro comercial (*trade partner*).

No contrato constavam os direitos (*rights*) e as responsabilidades legais (*liabilities*) das partes (*parties*), que poderiam ser reivindicadas (*claimed*) durante o prazo (*term*) em que estaria em vigor (*in force*), até sua conclusão (*completion of contract*) na data de vencimento (*expiry date, due date*).

Ele continha certas cláusulas (*clauses*) que eram obrigatórias (*mandatory*), como a de rescisão (*escape clause*), a de renúncia de direitos (*waivers*) e até um fator de reajuste de preços (*price escalator factor*), por precaução (*precaution*).

Prestamos (*paid*) bastante atenção (*close attention*) às letras miúdas (*fine print*), multas (*penalties*), obrigações (*obligations*), garantias (*guarantees* [gærœn*tis*]) e ao prazo final (*deadline*).

Havia também um anexo (*attachment, enclosure*) que tratava do sigilo comercial (*confidentiality*), o que é praxe (*customary*) nesse tipo de contrato.

Ele não era irrevogável (*irrevocable*) e permitia (*allowed*) a inclusão (*inclusion*) de emendas (*amendments*) no futuro. Especificava (*specified*) também os motivos de força maior (*acts of God*) e as situações em que poderia haver pedido de indenização (*compensation claim*), ser terminado (*be terminated*), rescindido (*rescinded*) e tornado nulo (*void*).

Pela jurisdição (*jurisdiction*) local, o documento nos obrigava legalmente

Contatos Comerciais

(*legally binding*) a cumprir (*comply with*) certas exigências (*requirements*), mas permitia tomar (*take*) medidas legais (*proceedings, legal action*) como processar (*sue* [suu]) uma das partes em razão de (*due to*) quebra contratual (*breach* [britch] *of contract*).

Como o negócio nos interessava, acabamos assinando-o (*signing*) em boa-fé (*good faith, bona fide*), juntamente com as testemunhas (*witnesses*) e colocando nossa rubrica (*initials*) em todas as páginas.

Uma das assinaturas (signatures) foi feita por procuração (*per pro, power of attorney*), pois a pessoa estava ausente (*absent*). No final, tudo deu certo. It's a deal!

Estande de exposições

Como éramos expositores (*exhibitors*), chegamos cedo ao pavilhão (*hall*) da feira (*trade fair*). Nosso material havia sido descarregado (*unloaded*) na área de carga (*loading area*) e levado diretamente ao estande de exibição (*stand, exhibition booth*), pois não havia um depósito (*storeroom*) para armazenagem (*storage*).

Retiramos nossos crachás (*badges*) no balcão de informações (*information desk*), onde ofereceram serviços de recepcionista e intérprete (*hostess and interpreters*) e nos deram um mapa do recinto (*floor plan*).

Trocamos de roupa no vestiário (*cloakroom* [klœukwrum], *dressing room*) e percorremos o corredor (*aisle* [áil]), observando as placas (*signs*) até nosso estande. Estavam acabando (*just finishing*) de montar (*constructing, assembling*) a estrutura (*frame*), que ainda tinha partes desmontadas (*dismantled, disassembled*), e tudo estava dentro do horário (*on schedule*).

Quando ficou pronto, verificamos suas medidas (*measurements* [méjârments]): largura, altura, comprimento e profundidade (*width* [uídfh], *height* [ráit], *length* [lénfh] *and depth* [dépfh]).

Depois, conferimos (*checked*) o que era oferecido: mobília (*furnishings, furniture*), prateleiras (*shelves*), armário (*cupboard, cabinet* [kæbœnit]) com tranca (*lock*), uma pequena cortina (*curtain, shades*), um quadro de informações (*bulletin board*), um balcão (*counter*) e frigobar (*fridge*).

Por fim, testamos a iluminação (*lighting*) que vinha do teto (*ceiling*) e as tomadas (*outlets, sockets, plugs*). Ouvimos então um anúncio (*announcement*) pelos alto-falantes (*loudspeakers*) dizendo que a feira iria abrir os seus portões (*gates*) ao público. *There we go!*

Marketing de Produtos

Fabricamos (*manufacture*) uma gama (*range*) de produtos líderes de mercado (*leading products*) em nível mundial (*worldwide*). Os bens (*goods*) que comercializamos (*market*) são de primeira (*first class*), têm custo razoável (*reasonable, fair*) para o cliente, mas nos proporcionam (*provide*) uma boa margem de lucro (*profit margin, markup*).

Participamos (*participated, took part*) de uma feira para lançarmos (*launch*) nossos últimos modelos (*latest models*) de produtos. Um outro objetivo (*target, aim*) nosso era também tentar encontrar um fornecedor (*supplier*), para se tornar sócio (*partner*) em um negócio pronto para operar (*turnkey business*), e futuramente terceirizarmos (*outsource*) a fabricação de alguns componentes (*components* [kœmpôunœnts], *parts*).

Levamos para o evento (*event* [ivent]) um modelo de demonstração (*demo*) novinho em folha (*brand new*). Ele foi desenvolvido (*developed*) e aperfeiçoado (*improved*) para enfrentar a concorrência (*face competition*) de marcas (*makes, brands*) de outros participantes do mercado (*players*), tornando-se uma referência (*benchmark* [bentchmark]) como a última palavra tecnológica (*state-of-the-art*) em modelo disponível (*available*) no mercado (*market*).

O produto atual (*current*) é mais potente (*powerful*), confiável (*reliable* [wriláiœbôl]) e supera o desempenho (*outperforms*) dos modelos anteriores (*previous models*). Totalmente adequado (*suitable, adequate*) às necessidades do cliente, é fácil de operar (*easy to operate*), apresenta baixo consumo (*consumption* [kœnsâmpchœn]) e pouca manutenção (*maintenance*), além de alto desempenho (*high performance*).

É o resultado de um levantamento (*survey*) que incluía uma pesquisa de opinião (*poll* [pœul]) feita com nosso público-alvo (*target market*) através de mala direta (*direct mail, mailing shot*), visando (*aiming*) atender às suas necessidades (*meet their requirements*).

Nossos produtos acabados (*finished products*) utilizam matérias-primas (*raw materials*) de primeira qualidade (*first-grade*), e não uma mistura de insumos (*blend*). Nossas especificações (*specifications, specs*) atendem (*comply with*) a normas, padrões e regulamentos (*standards and regulations*) internacionais. A garantia é completa (*full warranty*).

Durante a exposição (*exhibition*), distribuímos (*handed out*) muitos materiais de propaganda e divulgação (*advertising* [ædvœrtaizin] *material*): brindes (*giveaways, freebies, free gifts*), prospectos (*brochures*) e folhetos (*leaflets*), tudo com nossa marca registrada (*trademark, trade name*) e logotipo (*logo*).

Alguns clientes em potencial (*prospects*) pediram uma cotação (*quote, quotation*) e amostras (*samples*) para testes (*trials, tryouts*). Depois poderiam fazer uma proposta (*proposition, proposal*), preenchendo (*filling in*) um formulário de pedidos (*order form*). Nós então emitiríamos (*make out*) uma fatura (*invoice, bill*), e as respectivas duplicatas (*trade bills*), onde o cliente constaria como sacado (*drawee*) e nossa empresa como sacadora (*drawer*).

Perguntaram-nos também sobre o volume de produção (*output*), condições de pagamento e entrega (*delivery*), faturamento (*invoicing, billing*), conhecimento de embarque (*B/L, bill of lading*), embalagem (*packing, packaging*), peças de reposição (*spare parts*), e se tínhamos a mercadoria (*merchandise*) em estoque (*stock*) para entrega imediata (*on the spot, immediate delivery*). *So many questions...*

Autônomos e empreendedores

Quando trabalhamos por conta própria, como autônomos, dizemos que somos *self-employed* [sélfimplóid]. Quando montamos (*set up*) nosso próprio negócio (*own business*), como empreendedores, usamos o termo *entrepreneur* [æntrœprœnûr].

Terceirização

Uma prática cada vez mais comum nos negócios é a terceirização (*outsourcing*), que ocorre quando uma empresa deixa a cargo de terceiros (*third parties*) a fabricação de alguns produtos e componentes ou a responsabilidade por alguns serviços. Outra expressão que também usamos para isso é *contracting out*.

Quando os projetos permitem, pode-se também subcontratar (*subcontract*) pessoas ou firmas. Devemos conhecer essas alternativas, porque são hoje uma tendência (*trend*) mundial.

SINÔNIMOS AMERICANOS E BRITÂNICOS

Americano	Britânico	Português
Button, badge	*Badge*	Crachá
Exhibition booth	*Stand*	Estande de exibição
Superintendent	*Caretaker*	Zelador

EXPRESSÕES ÚTEIS

Atendendo o cliente

Em que posso ajudá-lo? = *How can I help you?*

Convidando

Por que não vem dar uma olhada no nosso estande? = *Why don't you come and have a look at our stand?*

Dando detalhes

Você encontrará detalhes técnicos completos em nosso prospecto = *You will find full technical details in our brochure*

Demonstrando

Deixe-me demonstrar para o(a) senhor(a) = *Let me demonstrate it for you*

Ressaltando um ponto

O essencial aqui é... = *The bottom line here is...*

Ganhando tempo

Não vai demorar = *It won't take (be) long*
Ele(a) volta logo = *He/she will be back soon*

Especulando

Por acaso = *By any chance*
A propósito = *By the way*
O que lhe parece? = *How does that sound?*

Perguntando dos planos

O que planeja fazer? = *What do you have in mind?*
Como tentaremos resolver a questão? = *How do we tackle the problem?*

Recusando educadamente

Não creio que seja viável = *I'm not sure this is viable*
Sinto ter de recusar seu convite = *I'm afraid I'll have to decline your invitation*

Negociando

Podemos oferecer algo como... = *We are able to offer something around...*
Olhando isso por um outro lado = *Looking at this from a different point of view*
Espero que cheguemos a um meio-termo = *I hope we can reach a compromise*
Em contrapartida, estamos dispostos a... = *In return, we are willing to...*
Infelizmente isso não é negociável = *I'm afraid that's not negotiable*
Poderíamos mexer uns pauzinhos = *We could pull some strings*

Buscando um acordo

Podemos chegar a um entendimento, dar um jeito = *We can work it out*
Isso até que é aceitável = *We could live with that*

Comprometer-se a fazer algo = *To undertake (commit oneself) to do something*

Comentando uma proposta

É uma proposta bastante interessante = *That's quite an interesting proposition*
Isso parece ser o que procuramos = *This sounds like what we're looking for*
Não é bem isso o que pretendíamos = *That's not exactly what we had in mind*

Pedindo um tempo

Preciso de um tempo para resolver isso = *I need some time to work that out*
Vou verificar e retorno para você = *I'll check that and get back to you*

Entrando em contato

Você pode entrar em contato comigo no... = *You can reach me at...*

Mantendo contato

Manter contato = *To keep (be) in touch*
Vou mantê-lo(a) informado(a) = *I will keep you posted*
Eu lhe telefono logo após a exposição = *I'll call you right after the exhibition*
Escreva-me ou me telefone = *Drop me a line or give me a ring*

Fechando negócio

A uma parceria de sucesso = *To a successful partnership*
Negócio fechado! = *Deal!*

Saindo

É melhor eu ir andando = *I'd better be on my way*
Preciso ir = *I'd better go*

CURIOSIDADES

Elementar, meu caro Watson

Se você planeja fazer negócios com britânicos em geral, saiba que a Grã-Bretanha (**Great Britain, GB**) é formada pela Inglaterra (**England**), País de Gales (**Wales**) e Escócia (**Scotland**). Junte a ela a Irlanda do Norte (**Northern Ireland**) e teremos o Reino Unido (**United Kingdom, UK**).

Todos eles têm nacionalidade britânica. A República da Irlanda (**Republic of Ireland, Eire**), por não ser uma monarquia, é independente, e não faz parte da turma.

Assim como os brasileiros não gostam de ser confundidos com outros povos da América do Sul, canadenses não querem ser considerados como norte-americanos, e neozelandeses não gostam de ser confundidos com australianos. Também os escoceses, galeses e irlandeses detestam ser chamados de ingleses.

E depois ainda cantam *We Are the World*, todos juntinhos e felizes...

God save the Queen

E como quem é rei (ou rainha) nunca perde a majestade, a Rainha Elizabeth II, além de ser a monarca do Reino Unido, é também reconhecida como Rainha do Canadá, da Austrália e da Nova Zelândia. E devido à existência da Comunidade das Nações (**Commonwealth of Nations**), que substituiu (**replaced**) o Império Britânico e hoje congrega cerca de 50 colônias, protetorados britânicos e estados independentes, vários desses países estampam a figura da rainha em suas notas e moedas, o que a torna uma das figuras mais conhecidas mundialmente.

Isso é que é um *marketing* pessoal eficiente!

Qüiproquó

Em português, qüiproquó é uma palavra que significa "confusão de uma coisa com outra", ou uma "situação cômica causada por algum mal-entendido".

Imagine que no inglês também existe a expressão ***quid pro quo*** [kuid-prôukuôu], um termo jurídico que vem do latim e significa "isto por aquilo, uma coisa por outra".

Em negócios, é usada para indicar uma contrapartida, como um pagamento ou ação que foram feitos em troca de algo:

She has agreed to repay her debts as a quid pro quo for a new loan.

Não soa até requintado (***posh***) e esnobe (***snobbish***) falar assim?

7
Visitas Empresariais

COMPORTAMENTOS E COSTUMES

Uma situação muito comum em nossa vida profissional são as visitas de negócio. Elas são uma ótima oportunidade para fortalecer relações comerciais e conhecer melhor nossos parceiros.

Vejamos abaixo algumas sugestões para causar uma boa impressão ao receber (*host*) um visitante (*visitor*) internacional ou visitar uma empresa (*corporate visit*):

RECEBENDO VISITAS

• Prepare um pequeno programa de recepção: prospectos (*brochures*) com informações sobre a empresa e uma sala de audiovisual para apresentações (*presentation room*). Tenha tudo pronto na hora marcada;

• Quando a visita entrar na sala, levante-se (*stand up*), cumprimente (*greet*) e indique onde se sentar. Procure deixá-lo(a) (*make him/her*) à vontade (*at home, at ease, comfortable*);

• Confirme o tempo disponível para o encontro, para evitar problemas e mal-entendidos. Seja eficiente, entregando-lhe uma lista com o nome, cargo e telefone das pessoas com quem ele(a) se encontrará durante a visita;

• Comece com uma conversa amena (*mild*), antes de falar de negócios. Na presença de outros brasileiros, evite sussurrar (*whisper*) ou contar piadas (*tell jokes*) em português. Seu convidado provavelmente não vai entender nada e se sentirá excluído (*excluded*). Procure traduzir (*translate*) resumidamente (*briefly*) o que for dito pelos outros;

• Se for o caso, acompanhe o visitante pela empresa para mostrar os departamentos, equipamentos, processos e produtos de interesse;

• Se o visitante permanecer por um período mais longo na cidade, convide-o para uma atividade fora do ambiente de trabalho. Um bom programa é convidá-lo para almoçar ou jantar num restaurante ou em sua casa. É uma ótima maneira de aumentar a intimidade e a confiança. Se puder dar algum brinde (*freebie*), isso também será simpático (*nice*);

• No fim do encontro estenda (*extend*) a mão, agradeça a visita e procure acompanhar (*walk, accompany*) a pessoa até a saída.

VISITANDO

Uma visita a clientes ou fornecedores em geral terá quatro etapas:

Planejamento

Defina qual o objetivo da visita e a estratégia para cumpri-lo (*fulfill it*). Pode ser, por exemplo, a conquista de um cliente, a busca de novos negócios, ou o acompanhamento e manutenção de um relacionamento já existente.

Visita

Seja sempre pontual. Se, por qualquer motivo, você se atrasar, telefone assim que puder, para dar uma breve explicação juntamente com um pedido de desculpas. Dê também uma idéia de quando você vai chegar.

Cumprimente todas as pessoas na empresa. Identifique-se à recepcionista com seu cartão de visitas (*business card*) e agradeça a recepção.

Mantenha uma boa aparência (*appearance*) e postura pessoal, explore os assuntos a serem discutidos e procure ser sincero com seu anfitrião.

Acompanhamento

Anote os temas (*themes*) tratados, especialmente as questões levantadas (*questions raised*), as respostas obtidas e registre (*record* [wrikórd]) os documentos solicitados (*requested*) e fornecidos (*supplied*). Com isso será possível fazer um acompanhamento (*follow-up*) dos assuntos relacionados à visita.

Relatório

Logo após a visita, registre os fatos e informações relevantes levantados em um relatório (*report*), para não esquecer as respostas obtidas. Esse relatório pode conter datas, dados da empresa, objetivos da visita, pessoas com as quais se reuniu, resultados (*results*), observações (*remarks*) e assuntos pendentes (*pending issues*) que necessitem acompanhamento posterior.

FALSOS COGNATOS

Fabric = tecido, pano
Fábrica = *plant, factory*
The fabric of this suit is very soft.

Patron = a) freguês, cliente; b) patrono, benfeitor
Patrão = *boss, employer*
a) Our store has very selected patrons.
b) He is the patron of several young talents.

Policy = a) política, linha de ação; b) apólice
Polícia = *police*
a) This is against our company's policy.
b) Check the insurance policy to confirm that we are covered.

ERROS COMUNS

Armazéns e depósitos

No momento de falar ou escrever as palavras "armazém" ou "depósito" (*warehouse* [uérrauz]), capriche na ortografia e na pronúncia, tomando cuidado para não confundi-las com *whorehouse* [rórrauz], que quer dizer "prostíbulo"...

Informática

Apesar de existir, o termo *Informatics* praticamente não é usado quando nos referimos à Informática. Usamos, em vez disso, as expressões *Computer Sciences*, *Information Sciences* ou *Information Technology*.

Pessoal

Preste atenção para não confundir (*mix up*) a palavra *personal* [pœrsænœl] com *personnel* [pœrsæné̲l]. Ambas significam "pessoal", mas a primeira é um adjetivo, e também significa "em pessoa", como em *personal visit*, ou "particular", como em *personal trainer*. A segunda é um substantivo e significa "departamento pessoal, recursos humanos", *staff*.

VOCABULÁRIO

Participamos de uma reunião com o diretor-presidente (diretor-geral) (*CEO – Chief Executive Officer, MD – Managing Director*) de uma rede (*chain*) de lojas, que passou as diretrizes (*guidelines*) de um plano de reestruturação (*restructuring plan*) para a empresa, elaborado por um consultor (*consultant*).

O plano seria bastante abrangente (*comprehensive*), e incluiria toda a organização interna (*internal organization*): a diretoria (*board of directors*), gerentes regionais, de área e de setor (*regional / area / district managers*), chefes de departamento (*heads of department*), vendedores das lojas (*sales clerks*) e até estagiários (*trainees, apprentices*).

Ele estava disposto (*willing*) a alterar o horário de expediente (*working hours*) e os turnos (*shifts*), demitir (*dismiss, fire, lay off, terminate*) o pessoal atual (*current staff, personnel*) e contratar (*hire, employ, take on*) gente para cargos (*positions*) de meio-período (*part-time*), período integral (*full-time*) e horário flexível (*flextime*).

Suas idéias envolviam também adotar a participação nos lucros (*profit sharing*) e melhorar (*improve*) a qualidade da mão-de-obra (*manpower*) através de novos programas de estágio (*training, apprenticeship*), para formar (*train*) trabalhadores qualificados (*skilled workers*).

A palavra (*floor*) foi passada (*was given*) ao chefe de pessoal (*head of personnel*), que deu informações rápidas (*briefed* [bwrífit]) sobre as carreiras (*careers*) na empresa.

O processo começaria com o recebimento dos currículos (*CV, curriculum, resume* [wrêzumê]) dos candidatos (*applicants*), que seriam separados por cargo (*job title*), descrição do cargo (*job description*) ou função (*function*).

Depois, eles seriam selecionados (*selected, screened*) de acordo com sua experiência profissional (*work history*), habilidades (*skills*), conhecimentos específicos (*expertise* [ékspœrtiz]), especialização, (*specialization*) e experiência prática (*hands-on experience*).

Os que fossem chamados para as entrevistas de emprego (*job interviews*) receberiam explicações sobre oportunidades de igualdade de emprego (*equal employment opportunities*) para deficientes físicos (*disabled people*) e minorias (*minorities*) e o pacote de benefícios (*benefits package*). Este incluiria as formas de remuneração (*remuneration*) como salários (*salary, pay, earnings, compensation*), ordenados (*wages*), e outros benefícios indiretos (*fringe benefits*) como plano médico (*medical plan*), fundo de pensão (*pension fund*), veículo da empresa (*company car*), e até bônus por desempenho (*performance bonus*).

Além disso, ofereceriam vários tipos de treinamentos e cursos, como treinamentos internos (*in-company training, in-house training*), treinamentos práticos (*on-the-job training*), e cursos de atualização (*refresher courses*). So far, so good...

Companhias e fábricas

Várias palavras podem ser usadas para descrever uma companhia ou fábrica:

Building = prédio, edifício
Company = companhia, empresa
Concern = empresa
Development = empreendimento imobiliário
Enterprise = empresa, empreendimento
Facilities = instalações
Factory = fábrica
Firm = firma
Installations = instalações
Manufacturer = manufatura, fabricante

Mill = usina, fábrica
Office = escritório
Plant = fábrica, usina
Premises = recintos, dependências
Venture = empreendimento (de risco)
Undertaking = empreendimento
Works = fábrica
Workshop = fábrica, oficina

Tipos de empresa

Freqüentemente precisamos explicar às pessoas o tipo de empresa em que trabalhamos. Vejamos as possibilidades:

Agência = *agency*, (*bank*) *branch*
Concessionária, autorizada = *concessionaire*, *licensee* [laissœnsí] *dealer*
Consultoria = *consultancy firm*
Cooperativa = *co-operative* [kœuópœrœtiv], *co-op* [kœuóp]
Empreendimento conjunto = *joint venture*
Empresa controladora, holding = *holding company*
Empresa de compra e venda = *trading company*
Empresa individual = *sole proprietorship*
Empresa matriz = *parent company*
Escritório central = *headquarters*, *HQ*
Escritório de representação = *representative office*
Filial = *branch*
Franquia – franqueadora – franqueada = *franchise – franchiser – franchisee*
Limitada, Ltda. = *Limited, Ltd., Public Limited Company, Plc*
Matriz = *head office*
ONG = *NGO* (*Nongovernmental organization*)
Ponto de venda = *outlet*
Representação = *representation*
Representante exclusivo = *sole representative*
Revendedor = *dealer*
Sem fins lucrativos = *nonprofit, not-for-profit*

Sociedade = *partnership*
Sociedade Anônima, S.A. = *Corporation, Corp., Incorporated, Inc.*
Subsidiária = *subsidiary* [sœbsídjiœwri]

Organograma da empresa

A seguir, um exemplo de diagrama organizacional de uma empresa:

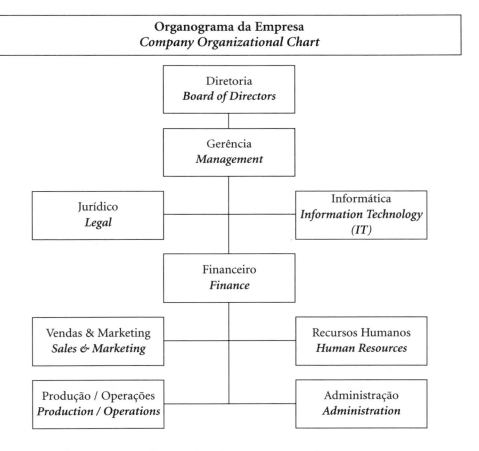

Veja algumas áreas dentro dos departamentos das empresas:

Produção / Operações – *Production / Operations*
Almoxarifado = *Warehouse, storehouse*
CAD / CAM = *Computer-aided design / Computer-aided manufacturing*

Compras e Recebimento = *Purchasing & Receiving*
Controle de Qualidade = *Quality control*
Depósito, armazém = *Warehouse*
Embarque e Expedição = *Shipment & Dispatch (Despatch)*
Engenharia = *Engineering*
Manutenção = *Maintenance*
Montagem = *Assembly*
Pesquisa e Desenvolvimento = *Research & Development, R&D*
Projetos = *Design*

Vendas e marketing – *Sales and Marketing*
Atendimento ao Cliente = *Customer Services*
Gerenciamento de Contas / Produto = *Account/Product Management*
Importação / Exportação = *Import / Export*
Pedidos = *Purchase orders*
Pesquisa de Mercado = *Market Research*
Planejamento = *Planning*
Publicidade e Promoção de Vendas = *Advertising & Sales Promotion*
Relações Públicas = *Public Relations, PR*
Representante de Vendas = *Sales Representative, Rep*

Recursos Humanos – *Human Resources*
Recrutamento, Treinamento e Desenvolvimento = *Recruitment, Training & Development*
Folha de Pagamento e Aposentadorias = *Payroll & Pensions*

Financeiro – *Finance*
Auditoria = *Auditing*
Contabilidade = *Accounting, Accounts*
Controladoria = *Controllership*
Faturamento e Cobrança = *Billing/Invoicing & Collection*
Tesouraria = *Treasury*

Administração – *Administration*
Ambulatório = *First Aid*
Central Telefônica = *Switchboard*
Diretoria = *Board of directors*
Refeitório = *Cafeteria, canteen*
Secretaria = *Secretary's Office*
Suprimentos de escritório = *Office Supplies*

Informática – *Information Technology (IT)*
Análise de Sistemas = *Systems Analysis*
Centro de Processamento de Dados (CPD) = *Data center, Computer center*

SINÔNIMOS AMERICANOS E BRITÂNICOS

Americano	Britânico	Português
Auto industry	*Motor industry*	Indústria automobilística
CEO, Chief Executive Officer	*MD, Managing Director*	Diretor-presidente, diretor-geral
Factory, plant	*Works*	Fábrica
Proprietary company	*Holding company*	Empresa controladora
Labor Union	*Trade Union*	Sindicato
Limited, Ltd.	*Public Limited Company, Plc*	Limitada, Ltda.

EXPRESSÕES ÚTEIS

Tenho um encontro marcado com... = *I have an appointment with...*
Estar à espera de alguém = *To expect somebody*
Vou recebê-lo(a) num instante = *I'll be with him/her in a moment*

Sente-se, por favor = *Please take (have) a seat*
Por aqui, por favor = *(If you'd like to come) This way, please*
Seguindo pelo corredor, à direita = *Going down the hall, it's on the right*
Saindo do prédio, à esquerda = *Coming out of the building, it's on the left*
Resumindo: = *To make it short:*
Vamos combinar/programar algo juntos = *Let's arrange to do something together*
Ser encarregado de = *To be in charge of*
Dar um fora, equivocar-se = *To put the foot in it (in the mouth)*
Bom trabalho, continue assim = *Keep up the good work*
Vamos arregaçar as mangas e começar = *Let's roll up the sleeves and get started*

CURIOSIDADES

Colarinho-branco

A expressão "colarinho-branco", usada para descrever pessoas que se vestem bem, de terno e gravata, vem do inglês **white-collar**, que justamente se refere aos trabalhadores de escritório (**clerical workers**), e não tem conotação negativa. Lá também usam a expressão "crime de colarinho-branco" (**white-collar crime**) para se referir aos delitos cometidos por esses funcionários de escritório, principalmente quando se trata de fraudes (**frauds**).

Já os operários que trabalham em fábricas ou os trabalhadores braçais (**manual workers**) são chamados de **blue-collars**, devido aos típicos uniformes azuis que usam no serviço, como aqui. Que bonitinho...

Passa lá em casa

No Brasil, muitas vezes dizemos às pessoas para marcarmos um encontro algum outro dia, mesmo quando não temos a intenção de revê-las.

No exterior, nas despedidas de encontros de negócios, também é comum ouvir frases como: *Come round any time, Let's have a drink sometime* ou *We must have lunch together*.

Essas frases podem ser vistas mais como uma tentativa de ser simpáticos do que como convites de fato. Porém, dependendo do parceiro estrangeiro, ele(a) pode realmente estar sendo sincero(a) e ocorrer de encontrá-lo(a) novamente.

Na dúvida, procure confirmar se o convite (*invitation*) é mesmo para valer (*for real*, *in earnest*), ou se foi feito só por educação (*for courtesy*).

Who's the boss?

Normalmente as empresas possuem estruturas de administração diferentes umas das outras, mesmo que atuem no mesmo ramo e tenham o mesmo porte. Cada uma terá cargos e funções diferentes entre si. No Brasil, por exemplo, o cargo mais alto normalmente é o de presidente, ou diretor-presidente.

Nos negócios, quem tem o poder de decisão, quem dá as cartas (*call the shots*), é chamado de *big shot*, o figurão, "bambambã".

Nas empresas anglo-saxônicas, a administração geralmente fica a cargo de um conselho de administração (*management board*) ou diretoria (*board of directors*). Nas companhias americanas, em geral o chefão (*big boss*) é o *COB – Chairman of the Board*, que é quem preside (*chairs*) o *board*.

Muitas vezes ele acumula também o cargo de *CEO – Chief Executive Officer*, que é o principal (*chief*) executivo da empresa. O presidente do conselho (*COB*) representa o controle acionário da companhia e por isso pode demitir qualquer outro executivo, inclusive o presidente da empresa.

Por falar nisso, existem vários tipos de *chief officer*, que são os funcionários mais graduados dentro de cada departamento: *CAO – Chief Administrative Officer, CFO – Chief Financial Officer, CIO – Chief Information Officer, CLO – Chief Legal Officer, COO – Chief Operating/Operations Officer, CPO – Chief Procurement Officer, CTO – Chief Technical Officer* etc.

Já os vice-presidentes (*VP's*) podem ser vários, um ou mais para cada departamento da empresa, o que pode ser confuso para nós. Eles têm muito mais funções do que no Brasil e, na ausência do presidente, qualquer um deles pode assumir o posto.

O Business!

Nas empresas britânicas, o cargo principal é o de **MD – *Managing Director***, e não o de *chairman*, posição que ele(a) também pode acumular.

Aliás, é interessante notar que, mesmo que a função seja ocupada por uma mulher, uma *Chairwoman*, usamos o tratamento ***Madam Chairman***, no lugar de ~~*Madam Chairwoman*~~. Coisas da vida...

8
Reuniões de Negócios

COMPORTAMENTOS E COSTUMES

Nos últimos anos, as relações entre os vários países do mundo têm se intensificado bastante, devido ao fenômeno da globalização. Tradições e costumes adotados em alguns lugares passaram a ser muito mais conhecidos internacionalmente. Em termos de marketing, esse fato se traduz pela expressão, muito em uso atualmente: *Think globally, act locally*. Isso significa que, em negócios, devemos pensar sempre de maneira global, genérica, planejando de modo uniformizado, mas agir e colocar nossos planos em prática, de maneira localizada, levando em conta as peculiaridades de cada lugar.

Ao negociar com pessoas de outros países, percebemos que existe uma ordem mundial sutil, não declarada, que acaba obrigando homens e mulheres de negócio a trabalhar de forma muito parecida e a adotar atitudes similares, independentemente (*regardless*) de suas origens culturais e geográficas. Para obtermos sucesso no cenário internacional, devemos conhecer, respeitar e praticar essa série de normas não explícitas, em todas as negociações.

No mundo dos negócios internacionais, os países mais ativos e agressivos em comércio exterior como os Estados Unidos, a Alemanha, o Japão e a China, acabam por exportar não somente seus produtos e serviços, como também suas maneiras (*their way*) de conduzir negócios (*doing business*). Felizmente, em termos de linguagem de negócios, todos eles adotam predominantemente a língua inglesa, o que nos poupa a necessidade de aprender também o alemão, o japonês e o chinês, por exemplo.

Será sempre uma vantagem entrar em contato com algumas peculiaridades dessas culturas, muitas das quais já bastante conhecidas pelo mundo, para facilitar o caminho nos negócios. Eis algumas:

Alemães

Os alemães são formais, práticos e objetivos. Cultivam hábitos simples e prezam muito a pontualidade. Costumam ir às reuniões bem preparados e prontos para discutir todos os assuntos em pauta. As pessoas de negócios se tratam pelo título e sobrenome: na Alemanha, Mr. Schultz é *Herr* Schultz.

Eles são diplomáticos, mas difíceis de serem convencidos, pois defendem suas opiniões com bastante energia. Pragmáticos, concentram-se em objetivos e fatos concretos, deixando os relacionamentos pessoais para segundo plano. Por isso, gostam de tratar com quem tem poder de decisão.

Respeitam muito a autoridade e as pessoas mais velhas. Um dos fatores mais relevantes nas negociações é a razão custo / benefício, valorizando uma relação justa entre o preço e a qualidade dos produtos e serviços.

No decorrer das negociações, eles procuram adotar uma postura de parceria comercial, em vez de um simples relacionamento comercial cliente-fornecedor.

Americanos

Os americanos são pontuais e ainda mais práticos e objetivos que os alemães. Cumprimentam-se com um aperto firme de mão, um sorriso e um olhar nos olhos. Prezam muito o planejamento, a organização e a eficiência. Gostam de otimizar o tempo de trabalho e são bastante francos na comunicação, falando diretamente e logo colocando seus pontos de vista nas negociações. Apesar de firmes em suas opiniões, os americanos são flexíveis a ponto de mudar de posição, desde que sejam convencidos com bons argumentos.

Para eles, afirmações genéricas não têm muito valor, tudo deve ser quantificado em números: datas, valores em dólares, volumes produzidos ou vendidos etc. Gostam de ver tudo preto no branco e, por isso, fazem consultas freqüentes a advogados e constantemente elaboram relatórios e projeções financeiras das operações.

Outra característica marcante dos americanos é sua independência e seu individualismo. Eles são muito voltados para seus próprios valores e ao *American way of life*, muitas vezes desconhecendo o que se passa fora da América.

Com isso, eles às vezes têm dificuldade de aceitar o fato de que existem maneiras alternativas de fazer negócios, além do sistema com o qual estão acostumados, e que também funcionam.

Chineses

Os chineses prezam muito os valores tradicionais: antigos princípios de conduta, família e religião. Apreciam pontualidade, cortesia e formalidade. O aperto de mão é a maneira mais comum de se cumprimentar. Como consideram mais valioso quem conhecemos do que quem somos, é importante que a pessoa que nos apresente seja altamente respeitada (***highly regarded***) por eles.

Caso nem todos compreendam bem o inglês, devemos utilizar linguajar simples (***plain English***), para evitar confusões. Mesmo porque, a linguagem chinesa é contextual e os termos são interpretados dentro das situações. Um esforço para aprender algumas palavras em chinês será sempre apreciado.

Os chineses não gostam de excesso de regulamentos ou regras definidas, buscam objetividade e praticidade nas negociações e, muitas vezes, fazem julgamentos puramente pessoais. Por isso, consideram que os contratos são mutáveis, devendo se ajustar às circunstâncias e buscando a harmonia, e não o confronto. Para se resolver (***settle***) conflitos, recorrem ao tempo e à flexibilidade.

Frases negativas como "não posso" não são bem-vindas. Ao invés disso, podemos usar "pensarei sobre o assunto" (*I'll think about the matter*) ou "isso é inconveniente" (*this is not convenient*), que serão entendidas como recusa.

Gestos de intimidade não são indicados, mas pedidos de desculpa serão sempre bem vistos, pois humildade (*humbleness*) é considerada uma virtude.

Ao contrário de outros povos asiáticos, os chineses não têm problemas em tratar de negócios com mulheres. É comum agirem em grupo, por isso devemos identificar quem toma as decisões. A pessoa de maior hierarquia da empresa irá liderar (*lead* [liid]) a negociação.

Eles buscam as mesmas vantagens e têm objetivos similares aos empresários ocidentais, ou seja, estão interessados em negociar com quem ofereça melhores condições e preços, independentemente do país. Uma maneira de penetrar no mercado chinês é participar de eventos como feiras e exposições comerciais.

Um fator que sempre deve ser levado em conta é a influência governamental, que afeta todas as empresas na China.

Os acordos são demorados, as negociações são contínuas, muitas perguntas são feitas e as decisões não são tomadas no ato. Por isso, paciência (chinesa, de preferência) é essencial...

Japoneses

Os japoneses privilegiam o coletivo sobre o individual. Valorizam a lealdade, a devoção e a cooperação nos negócios. São formais e dão importância aos títulos nas apresentações. As pessoas de negócios são tratadas pelo sobrenome: Mr. Tanaka torna-se *Tanaka-san*, no Japão. O uso do primeiro nome é reservado à família e amigos.

Em encontros de negócios, os japoneses sempre trocam cartões empresariais, que são considerados muito importantes em qualquer apresentação. Tenha os seus sempre à mão. Ao receber um cartão de visita, ofereça o seu em troca e, de preferência, faça uma reverência curvando-se (*bowing*) levemente para a frente. Segure-o com as duas mãos, e leia-o nos dois lados imediatamente e com atenção, para demonstrar seu interesse e respeito. Não o guarde de imediato.

Educação e cortesia são elementos importantes para os japoneses. Por isso, eles evitam dar respostas diretas como sim ou não: *I will think about it* pode significar *no*, assim como um *yes* pode ser apenas *I see*.

Por motivos culturais, as negociações com japoneses em geral tomam mais tempo do que com europeus ou americanos. Isso porque é necessário um tempo maior para desenvolver uma atmosfera de confiança. Como raramente discutem detalhes de imediato, as negociações se desenrolam ao longo de algumas reuniões e refeições. Os japoneses planejam muito no longo prazo.

Em compensação, uma vez que se chegue a um acordo, eles irão se manter fiéis ao que tenha sido acertado e farão todos os esforços possíveis para cumpri-lo.

E nós, brasileiros...

Nesse item de costumes, nós, brasileiros, podemos levar uma grande vantagem (*edge, advantage*) sobre outros negociadores, desde que nos preparemos adequadamente.

Como somos um povo bastante hospitaleiro, flexível, curioso e aberto às influências de fora, não é difícil aprendermos alguns usos e costumes de outros povos e colocá-los em prática em nossos negócios internacionais.

Nossa disposição natural para agradar (*to please*), expressa na maneira como agimos com estrangeiros em geral, e de "dar um jeito" (*get by*, *make do*) nas mais variadas situações, certamente trará simpatias e facilitará as coisas na hora de fechar negócios (*close a deal*).

Cartões de visita

A prática de se trocar (*exchange*) cartões de visita (*business cards*) é normal na maioria dos países, variando apenas o momento e a maneira de trocá-los. Atualmente é comum o uso de cartões impressos em inglês de um lado, além do português ou da língua do país, do outro.

Mantenha vários cartões sempre à mão (*at hand*) para as ocasiões de negócio. Para os orientais, o ritual da troca de cartões de visita é muito importante. Neles, primeiro aparecem o título (*Mr., Mrs.*) e o sobrenome, indicando a maneira como a pessoa deseja ser tratada (*addressed*).

É possível trocá-los no início ou no final de um encontro de negócios, sempre que houver a probabilidade de contatos posteriores.

Ao receber um cartão, leia-o cuidadosamente, prestando atenção ao nome, ao título e à posição daquele(a) que se apresenta. Não escreva nos cartões nem os dobre (*fold*).

Durante uma reunião, coloque-os sobre a mesa, na ordem em que as pessoas estiverem sentadas, para poder identificá-las.

Casual Friday

Um costume americano que se popularizou em muitas empresas ao redor do mundo é o *casual Friday*, aquele hábito de as pessoas se vestirem mais informalmente para o trabalho às sextas-feiras. Procure informar-se sobre essa prática nas empresas, caso participe de reuniões marcadas nesses dias.

Muitas companhias novas, especialmente na área de Internet, software, computação, comunicações e propaganda normalmente adotam um modo de vestir (*dress code*) mais casual e descontraído.

Em caso de negócios envolvendo pessoas dessas áreas especificamente, é recomendável informar-se como os profissionais se vestem e seguir seu padrão.

Críticas

Nos países de língua inglesa, particularmente no ambiente de negócios, valoriza-se muito o comportamento franco e assertivo, visando sempre ao aumento da eficiência.

Por isso, algumas vezes, as críticas (*criticism*) no local de trabalho (*workplace*) podem ser comuns.

Entretanto, elas são feitas, em geral, na forma de sugestões construtivas, e não totalmente negativas, para não causar constrangimento (*embarrassment*).

Ao criticar, pode-se suavizar (*soften*) um pouco a linguagem, usando o condicional (*would*, *could*) ou expressões como:

It's hard for me to say, but you could...
I don't know how to tell you this, but...
What you did was OK, but in my opinion you would need to work on ...

You've worked really hard on this, I appreciate that, but you still have to improve on...

Com expressões desse tipo, pode-se criticar alguém de uma maneira aceitável, pois não estaremos sendo rudes, e sim procurando ser construtivos em nossos comentários.

Férias

Um costume comum entre funcionários de companhias na América do Norte e em muitos países europeus é o de escalonar (*scale*) as férias pagas (***paid vacations/holidays***). A maioria das pessoas prefere tirar várias férias curtas durante o ano todo (***all-year-round***). Nesses países, quanto maior o tempo de casa (***seniority***), maior o número de semanas de férias a que se tem direito.

Quando um funcionário é recém-contratado (***newly hired***), ele(a) geralmente começa com apenas duas semanas de férias por ano. Com o passar do tempo, o período de férias vai aumentando, podendo atingir até oito semanas para os funcionários mais antigos (ai, que vida boa...).

Assim, não estranhe se, durante sua viagem de negócios, você for informado(a) de que alguém com quem deveria se encontrar estará temporariamente ausente (*off*) por alguns dias (***a couple of days***). Principalmente se estivermos nos meses de março (quando as pessoas saem de férias com os filhos no ***March break***), julho e agosto (época de verão no hemisfério norte).

Videoconferência

Um recurso de comunicação que vem se tornando cada vez mais comum nas empresas é o da videoconferência (***videoconference***). Pode-se inclusive alugar salas externas com esse recurso. Caso participe de um encontro através de videoconferência, procure aliar as características de uma boa comunicação por telefone com as recomendações gerais dadas para as reuniões. *You can't go wrong.*

Make meetings work for you

As reuniões (***meetings***) são eventos muito importantes (***major***) dentro dos negócios, pois através delas as pessoas podem saber o que está ocorrendo (*what's going on*) e tomar decisões (*make decisions*) baseadas em informações e opiniões.

De maneira geral, as reuniões com estrangeiros não diferem muito das reuniões com brasileiros, com exceção é claro, da língua utilizada, o inglês. Elas também costumam ser pontuais (*punctual*), com horários de início e término bem definidos.

Procure chegar antes do horário (*early*) ou no horário (*on time*). Caso se atrase (*be late*), peça desculpas (*apologize*) e sente-se rápida e discretamente. Mas não tente entrar como se você fosse invisível.

Os participantes da reunião também vêm bem preparados, sempre trazem algum material para apoio e consulta, e geralmente tomam notas durante os encontros. Quando for participar de uma reunião, é recomendável que você também faça algumas anotações (*take notes*) dos principais itens (*main points*) a serem discutidos.

Mas não decore (*memorize*) as anotações ou as leia como se fosse um sermão (*lecture*). Isso inibe seus gestos naturais: o contato visual e a linguagem corporal são essenciais para uma comunicação efetiva.

Também não se sinta pressionado(a) (*feel pressured*) a responder tudo aquilo que lhe questionam. Se você não tiver uma resposta imediata para alguma pergunta, não hesite em dizer: I don't know, but I'll find out and get back to you by... (dê um prazo certo).

Não se deve apressar (*rush, hasten*) uma reunião de negócios. É preciso compreender a pauta de assuntos (*agenda*) e a finalidade geral do encontro, para saber o que esperar dele. Controlando os tópicos discutidos, pode-se acompanhar (*follow up*) melhor o seu desenvolvimento.

Em muitos países, por cortesia espera-se que o visitante (*guest*) encerre a reunião. Se o anfitrião (*host*) o fizer, isso poderia ser considerado rude, o mesmo que pedir ao visitante para se retirar.

O anfitrião pode, entretanto, dar sinais para terminar a reunião, mudando o assunto de negócios para uma conversa mais amena.

A seguir, damos alguns conselhos gerais para uma boa participação nas reuniões com estrangeiros:

1. Falar francamente (*speak frankly*) e não fugir (*avoid*) das discussões

Negociadores estrangeiros de língua inglesa apreciam pessoas francas (*outspoken*), que expõem com precisão e honestidade o que pensam, sem subterfúgios (*evasions*). Caso não entenda algo, não ofende perguntar e pedir exemplos. Você pode colocar suas opiniões sem ser rude, apenas sendo objetivo(a) e sabendo escolher as palavras.

2. Ouvir com cuidado (*listen carefully*) o que é dito e não interromper (*interrupt*)

Procure analisar as palavras de acordo com sua experiência, e tente entender os motivos de tais afirmações. Antes de dar sua opinião, espere que o outro participante conclua.

3. Não chamar (*attract*) toda a atenção para si

É claro que quando temos de falar em inglês, é mais difícil sermos tão eloqüentes quanto em português. Porém, mesmo que esteja entusiasmado(a) (*excited*) com algum assunto, somente intervenha (*intervene*) se tiver comentários importantes a fazer dentro da discussão.

4. Discordar (*disagree*) se necessário

Caso não concorde com algo que estiver sendo dito, deve discordar, colocando sua opinião de maneira firme e natural (*being assertive*), mas sem agressividade. Suas críticas (*criticism*) e propostas (*propositions*) devem ser colocadas positivamente. Ofereça soluções e evite reclamações (*complains*).

5. Fazer perguntas (*ask questions*) e não deixar observações para depois

Perguntas pertinentes despertam o interesse e ajudam a esclarecer (*clarify*) pontos duvidosos. Caso queira fazer algum comentário (*comment*), levante a mão (*raise your hand*) e fale no momento oportuno (*timing*), antes de mudarem de assunto (*change the subject*).

6. Anotar palavras-chave (*keywords*) que sejam ditas

Para memorizar melhor tudo o que ocorre numa reunião e posteriormente fazer comentários e observações consistentes, acostume-se a anotar as palavras mais importantes que sejam ditas. No mínimo, essa prática vai reciclar e aprimorar seu vocabulário de negócios.

FALSOS COGNATOS

Agenda = pauta, programa, planos
Agenda = *diary, address book, schedule*
The agenda for the meeting is very ambitious.

Appointment = a) compromisso; b) hora marcada; c) nomeação
Apontamento = *note, memo*
a) She has cancelled all her appointments for this afternoon.
b) I'm having an appointment with my doctor next week.
c) His appointment for the position was a surprise.

Directory = catálogo, lista de nomes e endereços
Diretoria = *board of directors*
Let me check if his name is in the directory.

Errands = recados, pequenas tarefas
Errante = *errant, wandering*
My secretary hates when I ask her to go on errands.

ERROS COMUNS

Datas

Sempre que nos referimos aos dias do mês, usamos os números ordinais. Exemplo: 2 de abril = *April (the) second*, 31 de maio = *May thirty-first* etc.

Decisões

Uma das decisões mais importantes que devemos tomar em inglês, é sempre dizer *We make a decision* ou *reach a decision* e não *We ~~take~~ a decision*, o que sempre será uma decisão errada...

Professionals

Em inglês, o termo ***professional*** tem uma conotação diferente da palavra "profissional" em português. Em nossa língua, quem exerce uma atividade por profissão ou ofício é chamado de profissional.

Entretanto, o termo ***professional***, quando usado isoladamente em inglês, é restrito às pessoas diplomadas com nível universitário (***graduated***), como os profissionais liberais, que podem cobrar honorários (***fees***) por seus serviços: professores, contadores, dentistas, médicos, terapeutas, advogados, arquitetos etc.

Também empregamos o termo quando acompanhado da atividade: músico profissional, jogador profissional, fotógrafo profissional etc. Assim, ser chamado simplesmente de ***professional*** tem o seu status, pois significa ser uma pessoa com estudo universitário, que geralmente exerce uma profissão liberal.

Siglas e abreviações

Em português, costuma-se ler as siglas (***abbreviations***) como se fossem palavras: CREA, PIS, COFINS. Em inglês, quando isso ocorre, estas siglas são chamadas de ***acronyms***: *NATO* [neitou], *LIBOR* [laibâr], *JPEG* [djeipeg].

Observe, porém, que muitas siglas são soletradas:
BASF [bi ei és éf], *CIA* [ci ai ei], *VIP* [vi ai pi].

Já as abreviações, são sempre explicitadas quando lidas:
Bros. = ***Brothers*** [brâdhœrs]
Inc. = ***Incorporated*** [incórpo<u>wrei</u>ted]
Ltd. = ***Limited*** [límited]

Veja algumas abreviações usadas em negócios na América do Norte e Europa:

ASAP – As soon as possible = Assim que possível
BBB – Better Business Bureau = Órgão que fiscaliza as práticas comerciais das empresas

B2B – *Business-to-business* = Negócios diretos entre empresas

B2C – *Business-to-consumer* = Negócios diretos entre empresa e consumidor

C2C – *Consumer-to-consumer* = Negócios diretos entre consumidores

CRM – *Customer Relationship Management* = Gerenciamento do relacionamento com os clientes

EDI – *Electronic Data Interchange* = Troca eletrônica de dados por computador

ETA – *Estimated time of arrival* = Horário previsto de chegada

IOU – *I owe you (some money)* = Vale

ISO – *International Standardization Organization*

IRS – *Internal Revenue Service* = Receita Federal americana

OEM – *Original Equipment Manufacturer* = Fabricante de equipamentos originais

WWW – *World Wide Web* = Rede mundial (de computadores)

Lembretes

• Lembre-se sempre de pronunciar a palavra *company* como [kâmpœni].

• Palavras terminadas em "ism" (*mechanism*) pronunciam-se "ízem": [mékanízem].

• A palavra *bimonthly* [baimœnfhli] além de significar "bimestral", infelizmente também pode ter o sentido de "quinzenal", que é completamente diferente. Para não haver dúvidas, é possível dizer *biweekly* ou *fortnightly*, que significam somente "a cada duas semanas", ou *every two months*, que significa "bimestral".

• Se perder uma reunião, um vôo ou um evento, diga:
I <u>missed</u> the meeting/flight/event, e não I ~~lost~~ the meeting/flight/event.

VOCABULÁRIO

Marcamos uma reunião (*arranged a meeting*) na sala da diretoria (*boardroom*). Foi bom sairmos de nossa baia de escritório (*cubicle*), para variar (*for a change*). A reunião de diretoria (*board meeting*) é trimestral (*quarterly*). O presidente da mesa (*chairman*) que ocupava o cargo (*position, post*), tomou a palavra (*took the floor*) e estabeleceu (*drew up*) a pauta (*agenda*).

O primeiro item foi o pedido de demissão (*resignation letter*) do diretor anterior (*former director*), suspeito de se beneficiar de (*profit from*) informações privilegiadas (*inside information*) e praticar sonegação fiscal (*tax evasion*), e a indicação de seu substituto (*backup*) por um período.

O segundo item foram os gastos com mão-de-obra (*labor*) e horas extras (*overtime*), a verba designada para negócios (*expense account*), despesas com materiais de escritório (*stationery, office supplies*) e itens diversos (*sundry* [sândwri], *miscellaneous* [missœleiniœs] *items*).

Um assessor (*adviser, advisor*) mexia nos papéis (*shuffled papers*) como se procurasse erros de impressão (*misprints, typos*) nos números (*figures*). Os assistentes (*assistants, aides*) pareciam entediados (*bored*) e rabiscavam (*doodled*) um bloco de notas (*pad*) sem pensar no que faziam.

O presidente argumentou (*reasoned*) que era necessário tomar medidas (*take action/steps/measures*) para aumentar a boa reputação da companhia (*goodwill*) e alavancar (*leverage*) o valor de suas ações (*shares, stocks*), pois os acionistas (*shareholders, stockholders*) estavam descontentes (*discontent, dissatisfied*) com as cotações (*quotes*) na bolsa de valores (*stock exchange*).

A atividade principal (*core business*), que incluía operações no atacado (*wholesale*) e no varejo (*retail*) estava sofrendo devido às condições de oferta e procura (*supply and demand*) e ao aumento da participação no mercado (*market share*) por parte da concorrência (*competition*) no nicho (*niche*) de mercado desse ramo de atividade (*line of business*).

As despesas gerais (*overheads*) dispararam bruscamente (*skyrocketed* [skaiwrókitid]), o volume de negócios (*turnover*) despencou (*plummet, plunged*) e passaram a ter prejuízo (*make a loss*).

Para não encerrar as atividades (*close down*) ou ir à falência (*go ban-*

krupt), eles iriam reduzir (*cut back on*) despesas (*expenses*), arrendar (*lease* [liis]) equipamentos, negociar abatimentos (*rebates*) e descontos (*discounts*) com os fornecedores (*suppliers*), atacadistas (*wholesalers*) e varejistas (*retailers*), e talvez até propor (*propose*) uma fusão (*merger*) ou uma oferta (*bid*) de aquisição (*takeover*) de empresas

Toda essa reengenharia (*downsizing*) seria feita após se elaborar (*carry out*) um estudo de viabilidade (*feasibility study*), para a empresa voltar a ter lucro (*make a profit*), ou pelo menos empatar (*to break even*).

Foi aprovada uma moção (*motion*) de votação (*voting, ballot*) para tomada de decisão (*decision-making*). Contamos os votos a favor, contra (*in favor, against*) e as abstenções (*abstentions*). O resultado não foi unânime (*unanimous*).

Finalizando (*in conclusion*), elaborou-se uma ata (*minutes were taken*), fizemos uma recapitulação (*recap, summary*) e falamos dos assuntos (*issues, matters* [métœrs]) a serem abordados (*approached, tackled*) na próxima reunião, que acabou sendo adiada (*postponed, adjourned*). It was business as usual.

Business

Business é uma palavra no singular (seu plural é *businesses*), que é tão freqüentemente empregada com o sentido de "negócio(s)", que esquecemos os outros significados que ela possa ter em diferentes expressões. Por exemplo:

To have no business = não ter o direito:
You have no business to do that.

None of your business = não ser da sua conta:
I'm sorry, but my private life is none of your business.

To mind your own business = cuidar da própria vida, ficar "na sua":
There I was, minding my own business, when the security guard called me.

To mean business = falar sério, estar determinado:
I'm afraid he really means business when he talks about selling the company.

That's my business = isso é comigo, diz respeito a mim:
When you mention the firm I work for, that's my business too.

Fazer negócio é *to <u>do</u> business* ou *to <u>make</u> a deal*. Vejamos algumas outras maneiras de se dizer "negociar":

To bargain = negociar, pechinchar, chegar a um acordo
To deal with = tratar, lidar, negociar
To drive a hard bargain = participar de uma negociação difícil
To haggle = regatear, discutir preço
To negotiate with = negociar
To trade = negociar, comercializar, trocar

Papéis
Exemplos de tipos de papéis, publicações e impressos:

Brochure = folheto, brochura
Catalogue = catálogo
Data sheet = folha de dados
Document = documento
Flyer = panfleto, folheto
Folder = pasta de papéis
Handbook = manual
Handout = material impresso para distribuição gratuita
Hardcover = publicação de capa dura
Leaflet = folheto
Manual = manual
Notebook = caderno de notas
Pamphlet = panfleto
Paper = papel, documento, trabalho científico
Paperback = publicação de capa mole

Report = relatório
Sheet [chíit] = folha de papel
Writing Pad = bloco de anotações

SINÔNIMOS AMERICANOS E BRITÂNICOS

Americano	Britânico	Português
Lawyer, attorney	Barrister, solicitor	Advogado
Mail	Post, mail	Correio
Position	Post	Cargo, posto
To terminate, to fire	To dismiss, to sack	Demitir
To give the floor	To hand over the floor	Passar a palavra

EXPRESSÕES ÚTEIS

• Para apresentar alguém que trabalha conosco, sem especificar o cargo, podemos dizer:
This is my associate, Mr. Aspone.
• Se quisermos acompanhar alguém até a porta, dizemos:
I'll see you to the door. Até em casa: *May I see you home?*
• Para pedir à recepção que deixe entrar alguém que foi anunciado:
Please send him/her in.
• Ao referir-se a um período em que não se trabalha, usamos a expressão *off*:
I've taken the day off = Tirei o dia de folga
She will be off for two weeks = Ela ficará sem trabalhar por duas semanas
• Se quisermos avisar por telefone que estaremos ausentes por motivo de doença, a expressão usada é **to call in sick**:
I didn't feel well this morning, so I called in sick.
• Caso alguém esteja de licença, por qualquer motivo, a palavra usada é **leave**. Se necessário, pode-se acrescentar o motivo da licença:

I've just learned she had a baby and is now on maternity leave.
• Para mostrar que ficamos bem impressionados com o que foi feito ou dito:
That is very impressive.
• Quando não queremos ser muito específicos em nossos comentários, podemos usar os seguintes advérbios:

Anyway / Anyhow = De qualquer modo
All things considered, I think the meeting was useful anyway.

Somehow / Someway = De algum modo, de um modo ou de outro
Somehow she managed to keep her job.

Somewhat = Um tanto
Her lecture was somewhat boring.

Somewhere = Em algum lugar
I don't know exactly, but he lives somewhere near the office.

Whatever / Whatsoever / Whichever = Qualquer coisa, qualquer que seja
We'll do whatever it takes to win that contract.
Let's try our plan, whichever the results might be.

EXPRESSÕES DE NEGOCIAÇÃO

Um dos pontos mais importantes da conversação em qualquer língua é conseguir dar o "tom" correto àquilo que dizemos. Saber dizer as coisas com a intensidade desejada no momento pode ser tão importante quanto falar corretamente.

Por isso, para ajudar no sucesso das negociações em inglês, sugerimos uma série de expressões que poderão ser utilizadas de acordo com as diferentes situações e o contexto das reuniões.

Negociando

We are prepared to offer ... = Estamos dispostos a oferecer...
We are prepared to offer you 20% discount.

What if I say ... = E se eu disser...
A: *That's far too expensive for us.*
B: *What if I say ...20% discount?*

Would you consider = Você consideraria
Would you consider this offer under some different terms?

Concordando

Assertivo

I totally agree = Concordo totalmente
I totally agree with the finance director's suggestions.

I couldn't agree more = Estou totalmente de acordo
A: *Look, these are important customers, we can't afford to become involved in a dispute with them...*
B: *I couldn't agree more.*

Absolutely / Exactly! = Totalmente / Exatamente
A: *The contract should be renewed, they are doing an excellent job.*
B: *Absolutely / Exactly!*

Neutro

I agree with you = Concordo com você
A: *We have to plan ahead to avoid problems.*
B: *I agree with you.*

I think you are right = Acho que você está certo(a)
I think you are right, we should have the contract checked over by our legal department.

You have a point = Você tem razão
You have a point when you mention their credit risk.

Tentativo
Maybe you're right = Talvez você esteja certo(a)
Maybe you're right, this is not the time or place to talk about such matters.

I suppose so = Suponho que sim
A: *Have they reached a settlement?*
B: *I suppose so.*

Discordando
Assertivo
It's out of the question = Está fora de questão
I'm afraid a salary increase is out of the question.

There's no point = Não faz sentido, não vale a pena
There's no point in discussing this issue all over again.

Rubbish / Nonsense = Asneira / Tolice
A: *In terms of quality, their products are excellent.*
B: *Rubbish / Nonsense.*

No way! = De jeito nenhum
A: *Mr. Cheng thinks that the Hong Kong market has big potential.*
B: *No way!*

Neutro
I don't think so = Eu acho que não
A: *It seems a good idea to try the new equipment.*
B: *I don't think so.*

I can't see that, I'm afraid = Infelizmente eu não entendo assim
He thinks an agent can offer better services, but I can't see that, I'm afraid.

I'd rather not = Prefiro não
I'd rather not tell you the results just yet.

That's no good = Isso não é (está) bom
They said they could only deliver the goods tomorrow, but that's no good.

Tentativo
Do you really think so? = Você realmente pensa assim?
A: *Different cultures affect how a company is run.*
B: *Do you really think so?*

Is that such a good idea? = É mesmo uma boa idéia?
A: *How about a lunch in a quiet restaurant?*
B: *Is that such a good idea?*

Maybe not = Talvez não
A: *I think it's a good time to ask them for a new computer.*
B: *Maybe not.*

Sugerindo

Neutro
I suggest (that) = Eu sugiro que
I suggest (that) we buy from the French supplier.

Tentativo
We could = nós poderíamos
We could improve our offer.

Perhaps we should = Talvez devamos
Perhaps we should negotiate the terms and conditions of the contract.

It might be worth = Poderia valer a pena
It might be worth making them an offer.

What about...? = Que tal...?
What about Helen? She proved to be a very good negotiator.

Dando opinião

I'm convinced (that) = Estou convencido(a) de que...
I'm convinced (that) we should use an exclusive agent.

I have no doubt = Não tenho nenhuma dúvida
I have no doubt that the new product is excellent.

In my opinion = Em minha opinião
In my opinion, we are not prepared to do business on these terms.

Pedindo opinião

What do you think = O que você acha
What do you think of the new project?

How about that? = O que você acha disso?
We are prepared to offer you a nonexclusive contract... How about that?

Verificando a compreensão

If I follow you correctly... = Se lhe entendo bem...
If I follow you correctly... Mr. Robertson will be responsible for our financial strategy.

Does that mean...? = Isso quer dizer...?
Does that mean that you agree with our proposals?

Are you saying...? = Você está dizendo...?
Are you saying that you are prepared to put more money in?

Pedindo clareza

Could you explain that, please? = Poderia explicar, por favor?
A: *They want to withdraw from the negotiations.*
B: *Could you explain that, please?*

I don't follow you. What do you mean? = Não entendo. O que quer dizer com isso?
A: *Misunderstandings often arise from language problems.*
B: *I don't follow you. What do you mean?*

What do you have in mind? = O que você tem em mente?
A: *Maybe we could work something out.*
B: *Well, what do you have in mind?*

Could you be more specific, please? = Poderia ser mais específico, por favor?
A: *There is no sufficient market demand for this product.*
B: *Could you be more specific, please?*

What's the point? = Qual a idéia disso?
A: *Despite all the difficulties, we should insist on trying to get that account.*
B: *What's the point? It's obvious they are not interested.*

Expressando-se com reserva

I agree to some extent, but... = Eu concordo até certo ponto, mas...
I agree to some extent, but we have to take the risks.

I suppose you're right, but... = Eu suponho que você esteja certo, porém...
I suppose you're right, but at $10 per unit, the cost is too high.

Maybe that's true, but... = Talvez seja verdade, mas...
Maybe that's true, but at $7 per unit, the price is too low.

Notas:

Verifica-se com freqüência que o termo *yeah* é mais usado que *yes* nas conversações. *Yeah* é muitas vezes empregado como uma hesitação, sendo geralmente acompanhado de *but*, o que significa "Entendo, mas não concordo": *Yeah, I hear you, but...*

Na cultura asiática e oriental, as pessoas procuram o consenso, em vez do confronto. Às vezes isso gera desentendimento, porque *Yes* pode indicar *Yes, I'm listening, I hear you*, e não *I agree*.

Quando duvidamos de algo que foi dito, e queremos dizer ironicamente: "Claro, como não...", dizemos *Yeah,...(pause) right*. Pela entonação pausada, isso se transforma numa ironia e significa então que não acreditamos em nada daquilo que disseram.

Interessante notar que, em reuniões, para se discordar do que foi dito, a melhor maneira é começar com: *Yes, fine, all right, ok*, e então acrescentar *but...*

Justificando-se

Don't get me wrong = Não me entenda mal
Don't get me wrong when I pointed out some problems with your company in the past.

No hard feelings = Sem ressentimentos
That's ok, no hard feelings. We only had different points of view about that.

Interrompendo

I need to stop you there = Preciso interrompê-lo(a) neste ponto
A: *As for the discount, I suggest 10% on orders over $500,000 and for...*
B: *Excuse me, I need to stop you there.*

Stop there for a moment = Pare aí por um instante
Excuse me, stop there for a moment, I need to ask you something.

Interrompendo educadamente

Actually = Na verdade
Actually, I think we should break the news tomorrow. Why wait until Friday?

Do you mind if I say something? = Você se importa se eu disser algo?
Do you mind if I say something? I wish someone could tell me what is going on here.

I just want to say = Eu só quero dizer
I just want to say that I will need your help. I have no idea what I am supposed to do.

May I interrupt here? = Posso interromper?
May I interrupt here? Maybe we should manage our time better.

Can I add something here? = Posso fazer um aparte?
Excuse me, can I add something here?

Impedindo interrupções

Algumas atitudes para impedir (***hinder***) interrupções são: não abaixe o tom de voz, não faça longas pausas, e evite olhar para a pessoa que está tentando interromper.

Veja também algumas expressões que podem ser usadas:

I haven't finished my point yet = Ainda não terminei o que eu quero dizer
I haven't finished my point yet, I always have far too much to do, but I never get paid overtime.

Let me finish = Deixe-me terminar
Let me finish, it might be a good idea to employ a secretary.

Hang on a second = Espere um pouco
Hang on a second, I still have some comments that I would like to add.

Direcionando a conversa

Veja algumas expressões para incluir na conversa pessoas mais introvertidas:

What's your opinion...? = Qual sua opinião?
So, Helen, what's your opinion...? Do you think Jim is qualified for the job?

You haven't said anything yet = Você ainda não disse nada
What about you, Mark? You haven't said anything yet... What do you think of our policy of not sending women to Asia?

Do you want to add anything here? = Você quer acrescentar algo?
Bob, do you want to add anything here? Maybe your experience in Japan?

Mantendo a conversa direcionada

Veja algumas expressões para não fugirem do assunto:

Let's get back to the point = Vamos voltar ao assunto
Come on now, let's get back to the point, it's getting late.

Shall we continue? = Vamos continuar?
Ok guys, let's focus on production figures now. Shall we continue?

Let's move on = Vamos continuar
Let's move on, we still have a lot to discuss today.

Finalizando

So, this is it! = Então, é isso!
So, this is it! Just sign here, please.

That/It's a deal = Negócio fechado
Ok, that's a deal: $30,000 deposit and a further $50,000 over six months.

CURIOSIDADES

Braço direito

Se quisermos apresentar nosso(a) principal assistente, nosso braço direito, dizemos *right-hand (wo)man*, e não ~~right arm~~. Já a pessoa que faz de tudo, o "pau para toda obra", é *jack-of-all-trades*. Também podemos dizer *(wo)man Friday*, ou *person Friday*, para ser politicamente corretos.

Essa expressão vem do personagem "Sexta-feira", o nativo que ajudava Robson Crusoé em tudo, no romance de mesmo nome.

Saiba também que um *confidence man*, ao contrário do que parece, é justamente um vigarista (*swindler, crook*), um trapaceiro que se aproveita da boa-fé das pessoas, e não alguém em que se pode confiar (*rely on*).

Já um *office boy (girl)* também pode ser chamado de *gofer*, que é uma contração da expressão *go for*. É uma gíria para um funcionário do sexo masculino ou feminino que faz de tudo um pouco (*go for this, go for that, go for me etc.*) num escritório, uma pessoa para recados e pequenas tarefas.

Falências e concordatas

Ao negociar com norte-americanos, devemos prestar muita atenção se, nas conversas sobre empresas, eles mencionarem uns tais de capítulos 7 ou 11, que se referem ao código de falências (*bankruptcy*) americano. Assim:

To file for Chapter 7 = pedir falência (*USA*);
To file for Chapter 11 = pedir concordata (*creditor's agreement, bankruptcy* [bén<u>kwrâp</u>tci] *protection*).

Como lá também é possível que uma pessoa física seja declarada falida, tal qual uma empresa, fique atento ainda ao *Chapter 13*, que trata dos indivíduos caloteiros (*deadbeats*).

No caso de proprietários agrícolas, o capítulo que cuida dos caipiras (*yokels*) quebrados é o 12. *Watch out!*

Fusos horários

Os Estados Unidos (incluindo Havaí e Alasca), o Canadá e a Austrália, por suas dimensões continentais, possuem vários fusos horários (*time zones*). Nos Estados Unidos, principalmente devido à cobertura nacional das redes de televisão, costuma-se referir aos horários como e.t. (*Eastern Time*, ou horário de Nova Iorque) e p.t. (*Pacific Time*, ou horário de Los Angeles), que mantêm uma diferença de três horas.

Na Europa, pode-se referir ao *GMT – Greenwich Mean Time*, horário da Inglaterra, que foi sucedido pelo *UTC – Universal Time, Coordinated*, baseado em relógios atômicos.

No Canadá, na província de *Newfoundland*, na Austrália central e em alguns países do Sul da Ásia, o fuso horário é de apenas meia hora com relação aos fusos horários adjacentes, o que cria uma situação bastante peculiar.

Durante o horário de verão (*daylight saving time*) no Brasil, a diferença de fuso horário com a América do Norte aumenta em até duas horas e com a Europa diminui em até duas horas. Já durante o inverno, a situação se inverte, diminuindo a diferença de fuso horário em até duas horas com a América do Norte e aumentando em até duas horas com relação à Europa.

De qualquer maneira, como referência geral, podemos ter certeza de que, nas regiões Sul, Sudeste e Nordeste do Brasil, o horário será sempre mais tarde que na América do Norte e mais cedo que na Europa, em qualquer época do ano.

Raças

Nos Estados Unidos, se quisermos ser politicamente corretos, devemos saber como se referir às diferentes raças que lá vivem. Vejamos:

Branco = *Caucasian (white)*
Negro = *African-American (black)*
Oriental = *Asian-American (oriental)*
Índio = *Native American (Indian)*

Caucasian se refere de maneira genérica às pessoas brancas ou de pele clara. Chamar alguém de *black* ou *yellow* é aceitável, mas de *nigger* ou *jap* já é ofensivo.

É interessante notar que aquele que é considerado o típico norte-americano, branco, anglo-saxão e protestante é chamado de **WASP: *White, Anglo-Saxon, Protestant*. *Wasp*** também significa "vespa", e o termo é um pouco depreciativo, pois se refere à classe dominante (***the Establishment***) e privilegiada americana, que freqüentemente é criticada pelos meios de comunicação.

Estranhamente, nós latino-americanos, quando passamos a morar nos Estados Unidos, somos chamados de ***Latino(a)s*** e não de ***Latin Americans***.

Por que será?

A língua inglesa também dá ao pessoal do Caribe (***Caribbean***) uma denominação interessante: imagine que até hoje eles são chamados de ***West Indians***, um termo que vem do tempo dos descobrimentos, quando o Caribe era considerado as Índias Ocidentais! Isso é que é colonialismo...

9
Apresentações de Negócios

COMPORTAMENTOS E COSTUMES

Saber falar em público é fundamental para o sucesso nos negócios. Fazer uma apresentação para uma platéia selecionada, como numa reunião para mostrar um projeto, propor uma idéia ou discutir um tema é uma das atribuições mais importantes para qualquer profissional moderno. Para muitos, isso pode ser bastante complicado (*tricky*), ainda mais se essa apresentação tiver de ser feita em inglês.

Essa tarefa já não é fácil. Para participar de uma reunião de negócios, é preciso colocar todo o conhecimento técnico e comercial na apresentação, através de informações cuidadosamente levantadas, dados (*data*) exaustivamente reunidos, tabelas (*tables*) precisas, fluxogramas (*flowcharts*) caprichados e gráficos (*graphs*) elaborados. E ainda por cima, deve-se explicar tudo isso em inglês? *Come on, give me a break!*

É natural ficarmos apreensivos durante uma apresentação. Não desanime, pois a maioria dos profissionais também fica muito nervosa diante dessa situação. Apesar do medo que provoca na maior parte das pessoas, falar em público é uma prática que pode ser aprendida e desenvolvida.

Encare a situação (*face it*) como uma oportunidade, um desafio, não um problema. Deve-se ter consciência de que, se chegou a essa condição, é porque é a melhor pessoa para estar ali, e que esse é o resultado de muito trabalho e esforços desenvolvidos anteriormente.

Só isso já é um motivo de satisfação e orgulho, e deve ser visto como uma motivação e um fator a mais de confiança na apresentação.

O Business!

Daremos, a seguir, várias recomendações para ajudar o leitor a expor com clareza, objetividade e profissionalismo suas idéias em inglês, e com isso obter o merecido sucesso em sua apresentação de negócios para estrangeiros.

Preparação

• Procure marcar sua apresentação para o período da manhã, quando as pessoas estão mais dispostas (*in good shape*);

• Verifique antecipadamente o local (*venue*) da apresentação, o tempo disponível, quem serão as pessoas na audiência (*audience*), os recursos audiovisuais (*audiovisual resources*) e materiais de apoio (*supporting material*) a serem utilizados, e o material impresso (*handouts*) que deverá ser distribuído (*distributed*);

• Prepare uma lista (*list*) dos assuntos (*topics*) que serão tratados (*addressed*) para entregar aos participantes. Faça sempre cópias extras;

• Tente dominar completamente o assunto de sua apresentação. Ao falar sobre um tema, deve-se estudá-lo profundamente, em todos os seus detalhes. Isso aumentará a confiança. Prepare um roteiro (*schedule*) das principais (*main*) idéias, pois o público em geral só irá mesmo reter (*retain*) parte das informações. Concentre-se naquilo que quiser deixar marcado na mente da audiência, incluindo algumas mensagens que o público queira ouvir;

• Reúna (*gather*) sempre mais informações do que o necessário para preencher (*fill*) o tempo disponível de sua apresentação. Isso fará com que se sinta mais seguro(a) quanto ao conteúdo a ser apresentado;

• Coloque-se na posição de um advogado do diabo (*devil's advocate*) e procure prever (*anticipate, predict*) qualquer pergunta mais desagradável ou difícil (*hard question*) sobre sua apresentação. Esteja preparado(a) (*be ready*) para elas;

• Pratique exaustivamente sua apresentação na frente do espelho ou com algum conhecido e peça opiniões e sugestões. Capriche na pronúncia, atentando para a articulação, o uso claro das palavras e a associação entre elas. Uma maneira de melhorá-la é ler em voz alta (*read it out*) ou gravar sua apresentação e depois ouvi-la. *Practice makes perfect!*

Quem não se comunica...

Para preparar uma apresentação eficiente, lembre-se que "comunicação" começa com "C", assim como todos estes importantes fatores que devem ser considerados:

Capacidade da audiência

Devemos sempre ajustar o discurso ao tipo de audiência, e nunca o contrário. A comunicação será sempre mais eficiente quanto menos esforço exigir do ouvinte.

Credibilidade

A comunicação se inicia com um clima de credibilidade. O ouvinte deve confiar que o(a) orador(a) seja competente no assunto e deve considerá-lo(a) em alta conta. Cabe a nós passar essa sensação.

Contexto

O contexto deve sempre confirmar a mensagem. Deve permitir a participação do ouvinte e reforçar suas convicções.

Conteúdo

O conteúdo da fala deve ser significativo para o ouvinte e estar de acordo com seu sistema de valores. As pessoas normalmente selecionam as informações que têm mais relevância para elas.

Clareza

A mensagem deve ser colocada em termos simples. As palavras precisam ter o mesmo significado e impacto tanto para o(a) orador(a) quanto para o ouvinte. Deve-se evitar ambigüidades. Temas complexos podem ser simplificados pelo uso de exemplos, slogans, ou estereótipos que tenham simplicidade e clareza. Quanto maiores as diferenças culturais, mais direta deve ser a mensagem.

Continuidade e consistência

Para que possa penetrar, a comunicação precisa ser repetida, porém com variações. A argumentação deve ser contínua e consistente. Isso contribui para o aprendizado.

APRESENTAÇÃO DE NEGÓCIOS — It is show time!
Atitude
• Seja realista, mas evite muita autocobrança. Em geral somos muito críticos com nós mesmos, porque nos espelhamos em imagens ideais. Reconheça suas limitações, principalmente por estar falando em inglês. Mas também saiba que, na prática, as outras pessoas nos julgam com menos rigor do que imaginamos. Lembre-se que, a princípio, quem estiver na platéia tem interesse em ouvir sua apresentação e gostaria que você se saísse bem (*do well*);

• Seja você mesmo(a): crie seu estilo. Não faça graça ou fique muito sério(a) se isso não for natural de sua personalidade. Procure incorporar características que você admira, mas que não vão contra seu jeito de ser;

• Procure relaxar e aproveitar (*relax and enjoy*), mantendo a cabeça fria (*keep cool*). Quando não puder eliminar o nervosismo, o importante é controlá-lo de modo a não deixar que atrapalhe. Deve tentar transformá-lo numa tensão positiva, que o(a) deixe cheio(a) de adrenalina e energia para a sua apresentação;

• Se der alguma mancada, e os outros perceberem, faça graça de si próprio(a) (*make fun of yourself*). Você certamente será perdoado(a) (*forgiven*) pelo fato de o inglês não ser sua primeira língua e ainda criará uma imagem de simplicidade (*simplicity*) e simpatia (*liking*);

• *Go for it!* Persiga seu objetivo e não desista (*give up*), mesmo que sinta aquele friozinho na barriga (*butterflies in the stomach*). *Just do it!*

Discurso
• Adapte seu discurso ao público em termos de profundidade (*depth*) e linguagem. Mantenha a simplicidade, para facilitar sua vida e a compreensão dos ouvintes, especialmente se você não tiver um vocabulário extenso. *Keep it simple*;

Apresentações de Negócios

• Evite gírias (*slang*), verbos na voz passiva e piadas (*jokes*), a menos que você esteja 100% certo(a) (*sure*) de que será feliz na sua tentativa;
• Procure expressar-se com naturalidade e não tente falar como se escreve. Fale com entusiasmo, para manter sua audiência emocionada (*thrilled*), interessada e com vontade (*willing*) de prosseguir ouvindo;
• Coloque emoção e entonação no seu discurso. É muito importante demonstrar sinceridade na voz para poder passar credibilidade;
• Fale claramente e com uma voz audível todo o tempo, para que a audiência possa entender. Quando falamos muito baixo, as pessoas perdem informações importantes; se falamos muito alto, elas se sentem intimidadas, como se ouvissem um sermão;
• A velocidade (*pace*) da fala também é importante. Se falarmos muito rápido, os ouvintes podem não entender. Se falarmos muito lentamente, as pessoas se irritam e perdem o interesse;
• É necessário pausar (*pause*) periodicamente, de modo que a audiência possa absorver o que acabou de ser dito, antes de prosseguir. Podemos usar palavras de marcação (*signal words*) como *ok* e *right* para indicar o início e o fim dos temas da apresentação, ou para enfatizar (*point out*) algum ponto importante. Quem nunca faz pausas acaba rapidamente cansando os espectadores e a si próprio(a).

Técnicas de apresentação
• Os primeiros minutos de uma apresentação são decisivos para despertar a atenção (*catch the eye*) da platéia. Se ela não se interessar nesse tempo, tudo ficará mais difícil. Por isso, capriche na impressão inicial, para criar empatia com o público;
• Tente não falar muito rápido no início, porque é nesse período que você estabelece sua afinidade (*rapport*) com a platéia. É uma boa idéia memorizar sua introdução;
• Anuncie inicialmente como será conduzida a apresentação: se haverá pausas, oportunidade para perguntas etc. Indique claramente quando você completou um item da sua apresentação e está passando para o próximo;

• Não confie somente em sua memória: tenha tudo anotado e mantenha todas as informações importantes à mão (*at hand*);

• Seja breve: além de não cansar o público, isso diminui a possibilidade de erros. Ele não vai guardar muita coisa do que for dito mesmo. Se houver vários palestrantes, ou você estiver numa refeição, este será outro bom motivo para não se prolongar demais. Se você for o(a) único(a) a falar, então poderá se estender um pouco mais;

• Conduza a apresentação com entusiasmo e procure sempre imprimir um certo ar de suspense para aquilo que será dito. Seu interesse no assunto e o clima de expectativa criado quanto às conclusões ajudarão a prender a atenção do público. O fato de acreditar naquilo que estiver dizendo, irá passar confiança para a platéia;

• Juntamente com os dados e fatos objetivos, procure contar alguma história prática ou experiência pessoal sobre o assunto. Além de tornar sua apresentação mais interessante, isso aumentará sua credibilidade, e poderá encobrir a omissão de alguns detalhes técnicos;

• Mantenha o contato visual com sua audiência enquanto fala. Além de criar uma intimidade com a platéia e mantê-la atenta (*attentive*), isso também facilitará a observação de sinais de desinteresse (*lack of interest*) e fadiga, um bom aviso para ser breve (*brief*);

• Olhe alternadamente para seus papéis e para o público. Escolha primeiramente um ponto fixo à altura das cabeças na platéia como referência. Com o tempo, escolha algumas pessoas específicas da audiência e olhe para elas periodicamente (*from time to time*). Assim, você passará a impressão de estar falando especialmente para essas pessoas, e isso irá agradá-las;

• É importante utilizar expressões faciais ao falar e ouvir. Isso mostra que você está interessado(a). As partes mais expressivas do rosto são os olhos, as sobrancelhas (*eyebrows*) e a boca;

• Fique em pé em vez de sentado(a). Esteja atento(a) aos seus gestos repetitivos e maneirismos que possam irritar sua audiência;

• Sorria sempre que possível, para tornar o clima da apresentação mais agradável;

• Procure segurar um objeto, como papéis, uma caneta ou um indicador (*pointer*) a laser, para estar sempre com as mãos ocupadas;

• Use imagens para conduzir o raciocínio da platéia, dar ritmo à apresentação e para que a informação possa ser mais bem compreendida. Faça amplo uso de recursos audiovisuais e de apoio para facilitar suas explanações: *One picture is worth ten thousand words*. Dê um tempo para os ouvintes absorverem as informações;

• É sempre muito difícil controlar a reação do público. Não se impressione com comportamentos individuais, preocupe-se apenas com o conjunto da audiência. Aprenda a se relacionar com a platéia, observando suas reações. Isso ajudará a orientar sua apresentação, fazer adaptações e mantê-la sempre interessante;

• Finalize a apresentação sempre com uma conclusão, deixando clara a mensagem que quis passar.

Linguagem corporal – o termômetro de sua apresentação

Estar atento à linguagem não verbal no mundo dos negócios é de vital importância, porque grande parte de nossa comunicação com as pessoas se faz através da linguagem corporal.

Se durante uma apresentação seus ouvintes estiverem sentados, com o queixo para baixo e braços cruzados na altura do peito, se você for perceptivo(a), terá aquele pressentimento (*hunch*, *feeling*) de que sua mensagem não está sendo absorvida. Você então terá que mudar sua estratégia para conseguir o envolvimento dos participantes. No entanto, se você não for perceptivo(a), poderá seguir em frente, falando por horas, independentemente de sua mensagem estar ou não alcançando (*reaching*) sua audiência.

Bons apresentadores são treinados para usar e interpretar a comunicação não verbal, podendo assim avaliar (*assess*) como as mensagens estão sendo captadas.

Alguns sinais da platéia de que algo pode estar indo mal: fazer caretas (*making faces*), afastar-se (*move away*) do palestrante, ficar irrequieta (*restless*) na cadeira, ter atitudes dispersivas (*absent-minded*), não olhar (*not stare at*) para você, mexer em papéis (*shuffle papers*), acenar (*wave*) para alguém que entra na sala, cruzar (*cross*) e balançar (*swing*) as pernas, ter expressões vagas (*vacant*), bocejar (*yawn*), esparramar-se (*spread*) na cadeira ou sentar-se na beirada (*sit on the edge*), morder os lábios (*bite the lips*), roer as unhas (*bite the nails*) ou mexer (*touch*) constantemente nos cabelos ou alguma parte do corpo.

Esses são bons indícios (*indicators*) de que algo não está agradando e um recado claro para se ser breve ou fazer algo radical para mudar o clima da apresentação.

Críticas e perguntas difíceis

Durante nossa apresentação, é preciso estar sempre pronto(a)s, caso ocorram mudanças e imprevistos. Por melhor que esteja preparado(a), sempre podem ocorrer situações inesperadas como críticas, perguntas difíceis (*tough* [tâf] *questions*) e comportamentos hostis por parte do público.

Veja como lidar com essas situações:

• Se forem feitas perguntas difíceis, não se desespere. Faça uma pausa e avalie a situação. Caso não tenha uma resposta imediata, dê referências sobre o assunto e diga que vai verificar e retornar à pessoa assim que possível (*as soon as possible*);

• Dependendo do que seja perguntado, talvez você possa até admitir que não saiba a resposta ou devolver a pergunta para alguém da platéia que possa ajudá-lo(a);

• Continue sendo simpático(a). Agradeça, dê um tempo para responder, e procure atenuar a pergunta. Respostas diplomáticas são eficazes como tática de desarmamento. Nunca responda agressivamente. Bom humor também diminui a agressividade da audiência;

• Mas se por acaso você se vir sob fogo cruzado (*crossfire*), insista para que sua audiência deixe as perguntas para o final da apresentação e continue com seu próximo tópico;

• Se forem feitas críticas durante a apresentação, nunca reaja impulsivamente. Tenha jogo de cintura, controle-se e não deixe transparecer sua raiva;

• Avalie as qualificações do autor da crítica. Não dê muita importância a pessoas que você não respeite profissionalmente ou que não entendam muito do assunto;

• Verifique o fundamento da crítica, o que é válido ou não. Desconsidere (*disregard*) aquelas pessoas que sejam normalmente negativistas;

• Não responda a críticas pessoais. Nunca haverá argumentos objetivos e racionais suficientes para convencer o(a) autor(a) das críticas se ele(a) já partiu para o lado da agressão pessoal;

• Conserve o otimismo. Uma crítica pode ser um alerta para algo que não havíamos pensado e que talvez possa ser melhorado. Além do mais, indica que não se está indiferente ao que dizemos, o que é um bom sinal.

Para falar sobre qualquer assunto

A seguir, apresentaremos um roteiro em seis etapas para discursos em geral, que pode ser usado com sucesso para discorrer sobre qualquer assunto. Para isso, basta estabelecer alguns parâmetros. Essa é uma ferramenta muito útil quando temos de falar sobre algum tema e não sabemos ao certo como estruturar nossa apresentação.

Passo 1 – Manchete
Escolha um título, uma manchete (*headline*, *key line*) chamativa (*appealing*) para o assunto (*subject*) sobre o qual você vai falar.

Passo 2 – Linhas gerais
Faça (*state*) três afirmações (*points*) genéricas e curtas sobre o tema.

Passo 3 – Desenvolvimento
Desenvolva (*elaborate*) essas três afirmações (*statements*) em linhas gerais (*outline*), relacionando-as entre si. Organize as três idéias segundo algum destes critérios:

- Ordem cronológica (*chronological*);
- Ordem de importância (*importance*);
- Conceitual (*conceptual*), indo do particular para o genérico ou vice-versa;
- Ponderar características opostas (*opposites*), os prós e os contras (*the pros* [prôus] *and cons* [kóns]): se por um lado... por outro... (*on the one hand...on the other hand...*).

Passo 4 – Recapitulação
Recapitule (*recap*) as três afirmações com comentários (*comments*) novos ou dizendo as mesmas coisas de um modo diferente (*different way*).

Passo 5 – Meio-termo
Elimine os extremos (*eliminate extremes*) das afirmações e tome uma posição intermediária (*take middle ground*) sobre o assunto.

Passo 6 – Conclusão
Para concluir, combine o melhor de ambos (*best of both*) e faça uma referência (*refer*) novamente à sua manchete (*headline*) inicial, fechando o ciclo.

Com todas essas recomendações em mente e bastante treino, você estará bem preparado(a) para fazer de sua apresentação um sucesso. *Good luck!*

Business services

Imagine que você esteja no exterior e necessite de alguns produtos, serviços ou recursos de multimídia para sua apresentação de negócios, tais como:

Business brochures = prospectos e catálogos
Business cards = cartões de visita
Cellular phone rental = aluguel de telefone celular
Collating, stapling = organizar e grampear páginas

Color copying = cópias coloridas
Computer rental = aluguel de computador
Fax reception = recebimento de fax
Fax transmission = transmissão de fax
Internet connection = conexão de Internet
Overhead transparencies, OHT = transparências para retroprojetor
Photocopying = fotocópias
Presentation binders [báinders] = pastas para apresentação
Presentation software rental = aluguel de programas para apresentações

Existem lojas que ficam abertas 24 horas por dia, sete dias por semana, que oferecem esses recursos para pequenas empresas e executivos. Elas cobram por hora, alugando ou vendendo os itens acima.

Serviços para negócios são comuns em países como Austrália, Canadá, Estados Unidos, China, Coréia, Japão, Holanda e Reino Unido. Em uma emergência, essas lojas de *business solutions* podem ser de grande valia, por oferecerem todas as ferramentas necessárias para uma apresentação profissional e bem-sucedida.

FALSOS COGNATOS

Comprehensive = abrangente, completo, detalhado
Compreensivo = *understanding, sympathetic*
This is a comprehensive report on their financial situation.

Compromise = acordo conciliatório, meio-termo, concessão
Compromisso = *commitment, appointment* (encontro marcado)
After long discussions, we have reached a compromise between the parties.

Data = dados
Data = *date*
I've been gathering some data for my market research.

Lecture = a) palestra, conferência, discurso; b) repreensão, sermão

Leitura = *reading*
a) *His lecture on environment was kind of long, but interesting.*
b) *We had to hear a lecture from the manager because of our bad results.*

Editor = redator, diretor de um periódico
Editor = *publisher*
The editor had to write a note, to explain the misunderstanding.

Estate = bens, patrimônio
Estado = *state*
When he died, he left a huge estate for his family.

Notice = a) aviso, anúncio; b) notar, perceber
Notícia = *news*
a) *We saw the notice on the wall.*
b) *She didn't notice the man behind her.*

Resume = recomeçar, retomar, continuar
Resumo = *summary*
We will resume the talks after the break.

Stranger = estranho, desconhecido
Estrangeiro = *foreigner*
He is no stranger to me.

Virgule = barra, traço diagonal (/)
Vírgula = *comma* (,)
In some books, the pronunciation of the words appears between virgules.

ERROS COMUNS

E-mail

Hoje em dia é muito comum darmos o endereço de correio eletrônico ou do *web site* de empresas para as pessoas. Como qualquer errinho nos endereços de *e-mail* ou *Internet* tornará impossível o acesso, lembre-se que:

. chama-se *dot*
@ chama-se *at*

Assim, o endereço me@mail.com.br é pronunciado: [mi] [ét] [meil] [dót] [kóm] [dót] [biár]. Além disso, devemos saber que:
_ chama-se *underline* ou *underscore*
– chama-se *dash* [dæch]
- chama-se *hyphen* [raifen]
/ chama-se *slash* [slæch] ou *virgule* [vœrguiul]
\ chama-se *backslash* [bækslæch] ou *reverse virgule*
: chama-se *colon*

Assim, o endereço www.my_company.com.br/page-1 é pronunciado: [dâblœiu] [dâblœiu] [dâblœiu] [dót] [mai] [ânderskór] [kâmpœni] [dót] [kóm] [dót] [biár] [slæch] [peidje] [raifen] [uân].

Explorar mercados

Quando queremos dizer "explorar, abordar um mercado", não dizemos ~~to explore~~ a *market*, que significa "estudar, pesquisar, investigar um mercado". "Explorar", no sentido de desenvolver, empreender, fazer produzir é *exploit*, que também pode ser usado no sentido negativo de tirar partido ou proveito. Uma boa expressão para "explorar um mercado" é *to tap a market*.

Xerox

Xerox pronuncia-se [zíwróx]. Em inglês, também é bastante comum o uso da palavra *Photostat*, que é outra marca registrada, para se referir a uma fotocópia (*photocopy*). Ambas as palavras podem ser usadas como verbo (*to xerox, to photostat*), com letra minúscula, ou como adjetivo (*Xerox copy, Photostat copy*), com letra maiúscula. Tirar uma cópia é *to make a copy*, ou *to xerox, to photostat*, e não *to* ~~take~~ *a copy*.

VOCABULÁRIO

Para nossa apresentação, tínhamos à disposição (*available*) todas as facilidades (*facilities*) e mordomias (*perks*) possíveis. Confirmamos (*double-checked*) todos os equipamentos (*equipment*) que seriam usados, para não "darem pau" (*to crash*): um PC portátil (*laptop, notebook*), programas de apresentação (*presentation software*), uma impressora (*printer*), um microfone (*microphone*), um projetor tipo "datashow" (*multimedia projector*), um vídeo (*VCR*), e um retroprojetor (*overhead projector, OHP*) de transparências (*transparencies, OHT*).

Ao lado do palanque de apresentação (*podium*) havia também uma lousa branca (*whiteboard*), um apagador (*wiper*), um cavalete de apresentação (*flipchart*) e um marcador (*board marker, OHP pen*).

Como acessórios (*accessories*), trouxemos várias engenhocas (*gadgets* [gædjits]) para impressionar (*impress*): uma agenda eletrônica (*organizer*), um computador de mão (*palmtop*), um microcomputador supercompacto (*handheld*), e um indicador a laser (*laser pointer*).

Deixamos blocos de anotação (*note pads*) e pranchetas (*drawing boards*) sobre as mesas para quem quisesse fazer anotações (*take notes*) e também várias fotocópias (*photocopies*) de informações para distribuição (*handouts*). Fechamos as persianas (*blinds*) e cortinas (*curtains, shades*) para diminuir (*dim*) a luz.

Por último, checamos a conexão sem fio (*wireless*), os interruptores (*switches*), o fio de extensão (*extension cord*) e a tela (*screen*). A apresentação seria baseada em gráficos (*graphs*) e diagramas (*diagrams*). Haveria gráficos de barras (*bar charts*) e diagramas de pizza (*pie charts*).

Os diagramas continham de tudo um pouco: eixos (*axis*), linhas contínuas (*solid*), quebradas (*broken*) e pontilhadas (*dotted*). Elas cresciam (*increased*) gradualmente (*gradually*), acelerando (*speeding up*) e disparando (*rocketing*) até alcançar (*reach*) o ponto mais alto (*peak*). Começavam então a desacelerar (*slowdown*), flutuar (*float*) e oscilar (*fluctuate*), para depois nivelar (*level off*) e ficar estáveis (*steady, stable*). Daí declinavam (*declined*), diminuíam (*decreased*) e caíam (*collapsed*, *dropped*) bruscamente (*suddenly*), até atingirem o ponto mais baixo (*hit the bottom*). Any questions?

Análises

Nas apresentações, podemos utilizar uma planilha eletrônica (*spreadsheet*) como Excel, Lotus, QuattroPro etc., para fazer simulações de situações futuras tipo causa–efeito (*cause–effect*).

Ao colocar dados de entrada (*input*), essas planilhas automaticamente os transformam em fórmulas e calculam o resultado de saída (*output*). Desse modo, elas servem para responder perguntas do tipo:

"Qual será a conseqüência nos resultados se alterarmos um determinado dado em tanto?"

Por causa disso, esse tipo de análise é chamada de *what-if analysis*, pois considera *what will (would be) the result if...*

Estimativas

Quando falamos de negócios, algumas vezes devemos estimar valores. Para não parecer que estamos apenas dando um "chute" (*guess, wild guess*), podemos utilizar palavras mais elaboradas como:

Approximation, estimate = aproximação, estimativa
At random [wrændœm] = de modo aleatório
Ballpark figure = número aproximado, estimado
Best/Worst-case scenario [sinériôu] = melhor/pior das hipóteses
Educated guess = estimativa baseada em algum conhecimento de fato
Rough [wrâf] *calculation* = cálculo aproximado
To round down/up = Arredondar para baixo/cima
Trial-and-error calculation = cálculo pelo método de tentativa e erro

Já a expressão *creative accounting* é usada para designar práticas contábeis que, apesar de legais, podem levar a resultados enganosos quanto à lucratividade (*profitability*) ou liquidez (*liquidity*) de um negócio.

É a chamada "mutreta contábil", uma adaptação dos dados de uma companhia para tornar seus números mais atraentes, resultando em um balanço (*financial statement*) "maquiado".

Eventos

Nas apresentações no exterior, podemos participar de uma série de eventos com significados semelhantes, que às vezes nos confundem. Veja algumas possibilidades:

Assembly = assembléia, reunião
Conference = conferência
Convention = convenção
Lecture = palestra, conferência
Forum = foro de discussões e debates públicos
Gathering = reunião, assembléia
Meeting = reunião
Panel discussion = mesa-redonda, discussão de assunto de interesse público
Presentation = apresentação
Seminar = seminário
Speech = discurso, palestra
Symposium = simpósio, debate, colóquio
Summit = conferência de cúpula
Talk = discurso ou conversações sobre algum tema
Workshop = seminário, oficina

SINÔNIMOS AMERICANOS E BRITÂNICOS

Americano	Britânico	Português
Eraser	*Rubber*	Borracha de apagar
Garbage	*Rubbish*	Lixo
Stationery	*Letter paper*	Papel de carta
Trash can	*Dustbin*	Lata de lixo

EXPRESSÕES ÚTEIS

Aqui você encontrará a linguagem típica de uma apresentação. Ela pode ser memorizada para uso em diferentes situações.

Cumprimentando

Good morning – Good afternoon – Good evening. Let me introduce myself, my name is...
Good morning – Good afternoon – Good evening everyone. Thank you all for being here.
Good morning – Good afternoon – Good evening ladies and gentlemen. Thank you for being here.

Desculpando-se de início

Please excuse my English, I'm afraid it is a little bit rusty...
I'll try to make this as short as possible.
Altogether, this presentation will take about...

Objetivo

My purpose here today is ...
I'm here to talk about...
Today I'll be covering...

Iniciando

Well, I'd like to begin by describing...
I'd like to start with the launch of our new range of...
I'll start by showing the advantages and disadvantages of...

Dando um exemplo

To illustrate this point, let me give you an example:

Analisando um item da apresentação

Let's analyze the situation in more detail.

Can you see what that means for us?
Let's have a closer look at this for a moment.
What conclusions can we draw from this?

Explicando de outra maneira

Let me rephrase that:
In other words...
Let me put it another way:
What I mean is...

Dando uma opinião pessoal

In our view, we would recommend/suggest...
The way I see it, the best solution would be...

Passando para o próximo tópico

I'd like to move on to my next topic.
Next, let's look at ...
OK. Let's move on to...
So much for this. Now for the next item...

Concluindo um item do tópico

Well, that's all I have to say about this item.
Let me finish this topic by saying...

Lidando com perguntas

I'll come to that later...
Shall we leave the questions to the end, please?
I'm glad you asked that.
I'm afraid we don't have an answer to that yet.
I think Mr./Ms.....would be the best person to answer that.

Concluindo os tópicos

I'd like to recap now.

To conclude, let me sum up the main points...
Let me summarize briefly some of the points I've made earlier.

Finalizando a apresentação

Would anyone like to ask any final question?
If anyone has any questions...
Thank you very much for your attention.
In conclusion, I'd like to thank you all for being such an attentive and responsive audience.

Computação

É importante estar a par (*aware*) dos termos relacionados à computação, uma vez que recursos digitais são cada vez mais utilizados em apresentações.

Vejamos alguns dos mais comuns:

Backup – cópia de segurança
Boot – iniciar (computador)
Broadband / High-speed Internet – Internet banda larga
Bug – falha no programa
Cable modem – modem conectado a serviço a cabo
Compact disk, CD – disco (compacto), CD
Crash – "dar pau", falhar o equipamento
Desktop – computador de mesa
Device driver – programa que aciona os dispositivos do computador
Dialup access – acesso discado
Digital video disk, DVD – (vídeo) disco, DVD
Filename – nome de arquivo
Hard disk, HD – disco rígido
Hardware – equipamentos de computação
Input – entrada de dados
Keyboard – teclado

Laptop, notebook – computador portátil
Laser/Inkjet printer – impressora laser / jato de tinta
Liquid crystal display, LCD – monitor de cristal líquido
Log – registro de ocorrências
Login – conectar-se
Logoff / Logout – desconectar-se
Memory card – cartão de memória
Monitor – monitor
Offline – desconectado, desligado
Online – conectado a outro computador
Password – senha
Pen drive, flash drive – armazenador de memória tipo flash
Peripherals – equipamentos periféricos (mouse, teclado, impressora etc.)
Personal computer, PC – computador pessoal
Plug-and-play – conectar e funcionar automaticamente
Reboot – reiniciar (computador)
Scanner – digitalizador de imagens
Screen – tela
Setup – instalação, ajuste inicial
Software – programas de computação
USB (Universal Serial Bus) – tipo de conexão universal de entrada/saída
Videoconference – conversação com imagens de vídeo
Web cam – câmera para videoconferência, câmera de Internet
Wireless [uairlés], *Wi-fi* [uaifai] (*Wireless fidelity*) – sem fio

CURIOSIDADES

Brazilian English

Devido à internacionalização dos negócios, uma prática cada vez mais comum em conversas profissionais, principalmente entre brasileiros, é o uso de palavras em inglês misturadas ao português. Percebe-se uma crescente influência do *American way*, com os costumes norte-americanos sendo cada vez mais divulgados através dos meios de comunicação como a tevê a cabo, a propaganda impressa e a Internet.

Como resultado, os profissionais que estão mais atualizados (***up-to-date***) utilizam cada vez mais palavras inglesas em seus diálogos de trabalho, mesmo quando existam perfeitas traduções em português. Não é somente frescura ou questão de exibicionismo e sim de praticidade.

Em vez de dizer, por exemplo:

"Raimundo, você tem informações atualizadas com relação à margem de lucro dos programas de computador?"

Podemos dizer simplesmente:

"Raimundo, você tem um *update* sobre o *markup* do *software*?"

Obviamente a segunda frase é muito mais concisa, mais rápida e por isso, mais prática. E como em negócios *time is money*, explica-se a preferência.

Entretanto, esse hábito de se usar termos ingleses, bastante difundido no vocabulário de negócios, pode ocasionar algumas confusões (***mix-ups***) ou mal-entendidos. Principalmente quando nos acostumamos a utilizar errado algumas palavras, que às vezes nem existem. Por exemplo:

Outdoors significa "ao ar livre" e não tem nada a ver com grandes cartazes de propaganda, que são chamados de ***billboards*** ou ***hoardings***.

A palavra "superávit", que vem do latim *superavit*, não existe em inglês. O termo usado é ***surplus***. Já a palavra "déficit" existe, sendo escrita com a mesma ortografia do latim, ***deficit***. Outra palavra inexistente é "countability", apesar de existir ***accountability***, que significa "responsabilidade". O correto, para "contabilidade", é ***accounting***. E por aí vai.

Portanto, verifique bem o uso de certas palavras com as quais nos acostumamos aqui, antes de dizê-las como se fossem em inglês. Ou vão pensar que você nasceu em *Greenville*, como naquela antiga novela "A Indomada".

Um *must*!

Economia de Palavras

A língua inglesa sempre foi bastante sintética. Para acentuar esse fato, as pessoas nativas além de se expressar numa linguagem concisa e direta, costumam também usar muitas abreviaturas e siglas, mesmo em conversações de negócios. Essa prática pode tornar algumas frases quase incompreensíveis para quem não está acostumado. Um exemplo:

In sync with his VP, the CEO asked me to recap ASAP the info in the memo from R&D. (In synchronization with his vice-president, the chief executive officer asked me to recapitulate, as soon as possible, the information in the memorandum from Research & Development).

A frase significa: "Simultaneamente com seu vice-presidente, o diretor-presidente me pediu para recapitular, assim que possível, as informações no memorando do departamento de pesquisa e desenvolvimento".

Como se vê, eles gostam mesmo de serem práticos e objetivos. Por isso, devemos estar a par das abreviações e siglas mais usadas, para não ficarmos completamente "por fora" (*clueless*) nas conversas.

Fazemos de tudo um pouco

Quem costuma assistir aos desenhos animados da turma do Pernalonga, os *Looney Tunes*, deve ter notado que todos os produtos que lá aparecem são sempre fornecidos por uma companhia fictícia chamada **ACME Corporation**. Em inglês, *acme* significa "cume, ponto mais alto, auge", o qual se tornaria um nome distinto para um negócio.

Porém, como essa empresa produz toda e qualquer coisa imaginável, desconfia-se que os criativos autores do desenho tenham, na verdade, feito uma brincadeira com o acróstico *A Company that Makes Everything*, em português, "Uma Companhia que Faz Tudo".

Será? Mais um mistério para o Patolino resolver...

10
Finanças

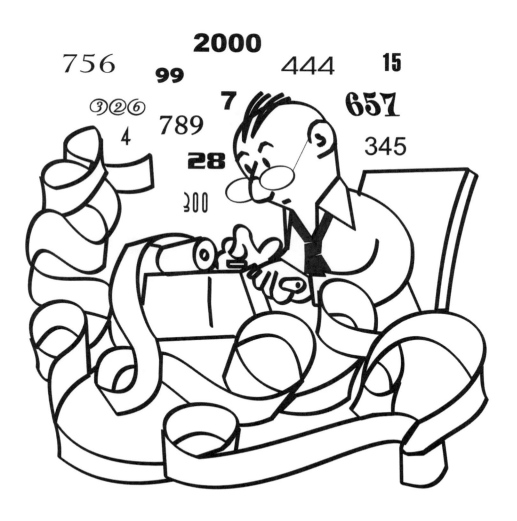

COMPORTAMENTOS E COSTUMES

Bancos no exterior

A maioria dos bancos nos Estados Unidos, Canadá e Inglaterra abre a partir das 9h ou 10h e fecha entre 15h e 17h, de segunda a sexta-feira. Algumas agências (***branches***) ficam abertas até mais tarde às sextas, outras abrem aos sábados, em horários reduzidos.

Como resultado dos muitos anos de altíssima inflação que vivemos no passado, o sistema bancário brasileiro tornou-se um dos mais modernos, eficientes e ágeis do mundo. Acabamos constatando isso ao viajar para fora. É comum nos decepcionarmos com o sistema bancário no exterior, mesmo nos países de primeiro mundo. Muitas das operações que aqui realizamos com rapidez e sem burocracia, no exterior tomam muito tempo ou nem são possíveis. O tempo de compensação (***clearing***) de um cheque, por exemplo, normalmente é de três a dez dias! Uma das poucas vantagens e também a mais aparente são as filas reduzidas, já que os bancos são bem menos freqüentados do que aqui, e as pessoas fazem muitos pagamentos pelo correio.

Toda instituição financeira possui um número de identificação, como aqui. No exterior, ele é conhecido como ***transit number***. Nos Estados Unidos ele é chamado de ***ABA #*** (***American Bankers Association transit number***), e deve ser fornecido juntamente com os dados da conta para se efetuar qualquer operação financeira. O ***transit number*** aparece na parte superior dos cheques e equivale ao nosso "número de banco".

Cheques

É interessante notar que, ao contrário do nosso costume, em muitos lugares no exterior os cheques não são facilmente aceitos. Isso ocorre não porque lá as pessoas sejam mais desonestas que aqui, pelo contrário. No Brasil, onde se tem a sensação de que haja muitos golpistas (*swindlers*), os cheques são bem aceitos na maioria dos estabelecimentos comerciais. E há motivos para isso: menos de 2% de todos os cheques aqui compensados (*cleared*) voltam (*bounce*) por não terem fundos (*NSF – nonsufficient funds*).

No exterior ocorre um fato estranho, puramente cultural. Lá não existe o talão de cheque (*checkbook*) especial, todos os cheques são iguais, não importando se o dono (*owner*) da conta é uma pessoa com crédito ou um pilantra (*crook*) mau pagador. No entanto, podemos ter uma conta tipo cheque especial, na qual o banco paga os saques a descoberto (*overdraft*) até um determinado limite, cobrando juros por isso. Esse tipo de crédito se chama *overdraft protection/privilege/facilities*.

Mas, quando temos essa regalia, ela não fica indicada no talão do cheques, como no cheque especial. No exterior considera-se que se uma pessoa é honesta e cuidadosa com sua conta bancária, ela não vai deixá-la no vermelho (*in the red*). Para eles, o cheque especial não daria o status que é dado aqui e sim seria visto como um atestado de que a pessoa costuma freqüentemente estourar a conta (*overdraw*) e mais do que pode.

Para se evitar problemas com a inadimplência (*nonpayment*), muitos lugares somente aceitam cheques que estiverem acompanhados do *check guarantee card*, que é um cartão plástico emitido pelo banco onde temos conta, que garante o pagamento de um cheque até certa quantia, mesmo quando não houver saldo suficiente. Funciona então como um cheque especial, a diferença é que quem recebe o cheque sabe exatamente o seu limite.

Além disso, se recebermos um cheque sem fundo (*bad check*) em pagamento por algum serviço ou produto, na prática pouco podemos fazer em termos legais para reavermos nosso dinheiro. Isso porque lá também é possível que uma pessoa física (*individual*) se declare oficialmente falida (*bankrupt*), dê um calote (*default*), e fique por isso mesmo. Incrível, não?

Uma das pequenas diferenças para se preencher um cheque em inglês é que na linha superior colocamos primeiro o nome do beneficiário e depois colocamos o valor. Outra diferença é que não se escreve por extenso o valor dos centavos. Eles são escritos em algarismos, como uma fração. Em alguns cheques, já vem até impresso (*printed*) algo como: __/100 **dollars / pounds**, para ser completado simplesmente com os dois algarismos dos centavos.

Outra distinção que se faz é a grafia dos numerais. Enquanto aqui usamos um ponto (*period*) para os milhares e uma vírgula (*comma*) para os decimais, quando escrevemos quantias (*amounts*) em inglês isso se inverte, e devemos trocar o ponto pela vírgula e vice-versa. Exemplo:

Português	Inglês
R$1.000,00	$1,000.00 / £1,000.00
R$4,50	$4.50 / £4.50

Uma outra diferença é que muitos bancos oferecem a opção de cheques personalizados, com padrões e desenhos distintos ao fundo. Assim, você pode receber cheques com desenhos de paisagens, de bichinhos, ou qualquer outra bobagem, até palhacinhos e balões.

É uma festa! Não se espante ao receber um desses, pensando que se trata de um joguinho de "Banco Imobiliário" (*Monopoly*), pois eles são válidos.

Não significa que os cheques vão ter mais fundos do que os outros, mas pelo menos são mais simpáticos. Caso eles sejam devolvidos (***bounced check***), é como se o caloteiro nos dissesse:

"Sou pobre mas sou feliz; posso não ter dinheiro para lhe pagar, mas não fique bravo(a): ao menos você pode se divertir com as carinhas sorridentes do meu cheque sem fundos..."

Contas bancárias

Os bancos no exterior adoram cobrar tarifas bancárias (***service charges***), mais ainda do que aqui. Cobra-se por tudo: cheques, retiradas, transferências, pagamentos automáticos etc. Como os juros recebidos pelos investimentos são baixíssimos (menos de 4% ao ano) para os nossos padrões, estamos sempre no prejuízo com relação a essas taxas.

Quando abrimos uma conta bancária, nos perguntam qual sistema de extrato bancário (***bank statement***) vamos querer para controlar o saldo (***balance***): um extrato mensal, como os daqui, ou o ***bank book / passbook***, uma cadernetinha que é usada para registrar as movimentações de saques (***withdrawals***) e depósitos (***deposits***) das contas.

Esse livreto é passado numa maquininha que registra uma única vez todas as operações bancárias efetuadas desde a última data em que foi passada a caderneta até a data de hoje. Temos de optar por um sistema ou outro, não é possível ter os dois.

As contas bancárias pessoais (***personal deposit accounts***) se classificam basicamente em três tipos: *checking, savings* e *checking & savings*:

Checking account – é o mesmo que conta corrente (***current account***). É uma conta que nos permite emitir cheques (***write checks***) e que em geral não paga juros.

Savings account – é como uma conta de poupança, que paga juros mensalmente. Em geral não permite o uso de cheques.

Checking & savings – uma combinação das duas, é como uma conta corrente remunerada.

Essas contas podem ser individuais (***individual accounts***) ou conjuntas (***joint accounts***). Quando uma conta não apresenta movimentação (***entries***) por um longo período, dizemos que é uma conta inativa (***inactive account***) ou uma ***dormant account***.

Dinheiro falso

Na América do Norte e Europa, a falsificação (***counterfeit***) de dinheiro é um assunto levado muito a sério. Se um comerciante desconfiar que estamos tentando comprar algo com cédulas falsas (***fake, phony***), ele chama a polícia, sem cerimônia.

Se for confirmada a falsificação, somos levados imediatamente para a delegacia (*police station*) e respondemos a um processo com no mínimo duas acusações: portar (*bear*) dinheiro falso (*counterfeit money*) e tentar passá-lo adiante (*pass it on*). É a maior dor de cabeça!

Não adianta alegar (*plead*) ignorância, eles não querem nem saber. Por isso, confira sempre as notas que receber nas casas de câmbio ou bancos, guarde os comprovantes de câmbio e não aceite nenhum dinheiro que pareça suspeito. Caso já tenha alguma nota estranha, não tente passá-la adiante, pois se ela for falsa e a pessoa desconfiar, acredite: o advogado vai custar muito mais caro do que a bendita nota...

Moedas

Acostume-se a carregar sempre moedas, principalmente as de 25 ¢ e $1.00, e notas de valor pequeno, como as de um a cinco dólares / euros. Isso porque muitas coisas são automatizadas e só funcionam com essas moedas e notas pequenas: telefones, máquinas de lavar, liberação de carrinhos no aeroporto, passagens de metrô etc. As máquinas de venda automáticas (*vending machines*) também estão por toda parte, vendendo refrigerantes, salgadinhos, doces, jornais, selos e até camisinhas. Por isso, *keep the change*!

Denominação das moedas

Vários países chamam suas moedas locais de dólar ou libra. A palavra cifrão, em inglês, é ***dollar sign*** (ora, quem diria...). Por isso, quando uma quantia aparece só com o cifrão, sem qualquer indicação, ela geralmente se refere então à moeda norte-americana.

Portanto, ao se tratar de dólares ou libras, para deixar claro à qual moeda nos referimos, colocamos a letra do país, junto ao cifrão ou libra:

$1,000 ou US$1,000 – dólar americano
C$1,000 – dólar canadense
A$1,000 – dólar australiano
HK$1,000 – dólar de Hong Kong

£1,000 – libra esterlina
£E 1,000 – libra egípcia

As cédulas e moedas podem ter as seguintes denominações.

Dollar / Pound: 100 *cents / pence*
Quarter: 25 *cents*
Half dollar: 50 *cents*
Dime: 10 *cents*
Nickel: 5 *cents*
Penny: 1 *cent* (plural = *pence*)
Bills (Notas): $1, $2, $5, $10, $20, $50, $100
Coins (Moedas): 1¢, 5¢, 10¢, 25¢, 50¢

Entre os europeus, não se utiliza o cifrão para denominar suas moedas locais. A maioria dos membros da Comunidade Européia vem adotando o *Euro*, representado pelo símbolo "€", como moeda comum. Eles formam a chamada "Zona do Euro" (*Eurozone*). São eles:

Alemanha
Áustria
Bélgica
Bulgária
Chipre
Eslováquia
Eslovênia
Espanha
Estônia
Finlândia
França
Grécia
Holanda
Hungria

Irlanda
Itália
Letônia
Lituânia
Luxemburgo
Malta
Mônaco
Polônia
Portugal
República Tcheca
Romênia
São Marino
Suécia
Vaticano

As moedas em euros podem ser de: €0,01; €0,02; €0,05; €0,10; €0,20; €0,50; €1 ou €2. E as notas: €5; €10, €20, €50, €100, €200 e €500.

No Canadá, as moedas de $1 são carinhosamente chamadas de *loonie* [lúuni], por serem cunhadas com a figura de uma típica ave canadense, o *loon*, uma espécie de pato, o mergulhão. Não as confunda com *loony*, que é pronunciada igual, mas é uma gíria para lunático, doidão, malucão. Como também existem as moedas de dois (*two*) dólares, que substituíram as notas do mesmo valor, essas levaram o apelido de *toonie* [túuni], para combinar...

Veja abaixo as moedas de vários países:

País	Moeda	Abreviação	Divisão
África do Sul	*Rand**	R	*Cents*
Arábia Saudita	*Saudi Ryal or Rial*	SAR	*Halalah*
Argentina	*Argentinean Peso*	P$	*Centavos*
Austrália	*Australian Dollar*	A$	*Cents*
Bolívia	*Boliviano*	B$ ou $B	*Centavos*

O Business!

País	Moeda	Abreviação	Divisão
Brasil	*Real*	R$	*Centavos*
Canadá	*Canadian Dollar*	Can$ ou C$	*Cents*
Chile	*Chilean Peso*	Ch$	*Centavos*
China	*Yuan**	Y	*Fen*
Cingapura	*Singapore Dollar*	S$ ou Sing$	*Cents*
Colômbia	*Colombian Peso*	Col$	*Centavos*
Coréia do Sul	*South Korean Won**	SK W	*Chon*
Dinamarca	*Krone*	Dkr ou DKK	*Örer*
Egito	*Egyptian Pound*	£E ou E£	*Piastres*
Equador	*Sucre* (US Dollar)*	Su (US$)	*Centavos*
Estados Unidos	*Dollar*	$	*Cents*
Grã-Bretanha	*Pound Sterling*	£ ou £Stg	*Pence*
Hong Kong	*Hong Kong Dollar*	HK$	*Cents*
Índia	*Rupee*	R, Re ou Rs	*Paise*
Indonésia	*Rupiah**	Rp	*Sem*
Irã	*Rial**	RI	*Dinars*
Iraque	*Iraqui Dinar*	ID	*Fils*
Israel	*New Shekel*	IS	*Agorot*
Japão	*Yen**	Y ou ¥	*Sem*
Malásia	*Ringgit*, Dollar*	M$	*Cents*
México	*New Mexican Peso*	Mex$	*Centavos*
Noruega	*Krone*	NKr	*Örer*
Nova Zelândia	*New Zealand Dollar*	NZ$	*Cents*
Paraguai	*Guarani**	G	*Centimos*
Peru	*New Sol*	S	*Centavos*
Rússia	*Rouble*	Rub	*Kopecks*
Suíça	*Swiss Franc*	Sfr ou Swfr	*Centimes*
Tailândia	*Baht**	Bt	*Satang*

País	Moeda	Abreviação	Divisão
Taiwan	*New Taiwan Dollar*	T$ ou NT$	*Cents*
Uruguai	*Uruguayan Peso*	Ur$	*Centimos*
Venezuela	*Bolivar*	B	*Centimos*

*Moedas cujo plural é invariável: "um guarani", "cem guarani".

Números

Por simplicidade, números entre 1.000 e 10.000 que tenham uma quantidade inteira de centenas são geralmente pronunciados indicando essa quantidade. Por exemplo, o número 1.500 (*one thousand five hundred*) é pronunciado como *fifteen hundred*, 9.400 (*nine thousand four hundred*) torna-se *ninety-four hundred* etc.

Americanos e britânicos também costumam usar informalmente a palavra **grand** para se referir ao número mil. Assim, *five grand* pode significar cinco mil dólares ou cinco mil libras, dependendo da moeda que se estiver usando na conversação.

Na América do Norte, ao se escrever o algarismo sete ("7"), não se costuma cortá-lo, como fazemos aqui e na Europa. Para não causar confusão com o algarismo um ("1"), este é escrito somente como um pauzinho ("I"), sem o tracinho diagonal no alto. Fique atento(a), para que não interpretem erroneamente os algarismos (***figures***) que você escrever.

O numerador das frações é pronunciado como números cardinais e o denominador como números ordinais. Por exemplo, 1/3 = *one third*, 2/5 = *two fifths* etc. Para 1/2, diz-se *half* [ræf].

Nos Estados Unidos, e em menor grau no Canadá, ao escrevermos datas abreviadas, geralmente nos referimos primeiro ao mês e depois ao dia, num formato mm/dd/yy.

Dependendo da data, caso não haja nada especificado, pode haver confusão. Se preenchermos por exemplo 12/1/08, não saberão se estamos indicando o dia doze de janeiro ou o dia primeiro de dezembro. Portanto, ao preencher certos documentos, procure deixar claro o mês, usando uma abreviação. Nesse caso, o melhor é escrever *Jan 12, 2008* ou *Dec 1st, 2008*.

FALSOS COGNATOS

Billion = trilhão (*UK*), bilhão (*US*)
Bilhão = *milliard (UK)*, *thousand millions*
Microsoft was the first company ever to reach half a billion dollars in market value. (UK)
Microsoft was the first company ever to reach half a trillion dollars in market value. (US)

Receipt [wricíit] = recibo, nota/cupom fiscal
Receita = *recipe* [wrécipi]
We will need the receipt to exchange this.

ERROS COMUNS

Economia e econômico

É comum confundirmos as palavras *economic*, *economics*, *economy* e *economical*. Veja as diferenças.

Economic = é o adjetivo "econômico", relativo à economia:
Usually, political and economic powers are together.

Economics = é o substantivo "economia" (ciência):
He studied economics before becoming a thief.

Economy = pode ser substantivo: economia, poupança ou adjetivo: econômico, barato:
The President always says the economy is getting better.
I always travel economy class.

Economical = é o adjetivo "econômico", que gasta pouco:
Small cars are economical.

Uma pessoa muito econômica, do tipo pão-dura, muquirana, é *cheap*, *tight*, *miser*, *stingy*, nunca ~~miserable~~, que é muito infeliz, angustiado, desconsolado, péssimo.

Rob & steal

Um engano comum que cometemos é com os verbos *rob* e *steal*. Ambos significam roubar, assaltar, mas seus usos são distintos.

Usamos *rob* para se referir a quem sofre a ação do roubo, como pessoas, propriedades e organizações. Quando elas são roubadas, os assaltantes não podem carregá-las nas costas e levá-las embora. Usamos *steal* quando nos referimos ao que foi roubado, ao produto do roubo, como dinheiro, informações e bens. Quando essas coisas são roubadas, os assaltantes podem pegá-las e levá-las embora. Aí está a diferença:

He robbed the company last night to steal important documents.

Curiosamente, também se usa steal com o sentido de barganha, barato:

This offer is a steal! (Esta oferta é uma pechincha!)

No "sofisticado" mundo dos negócios internacionais, podemos usar outros termos quando falamos sobre "desvio" de dinheiro:

Embezzlement [imbézœlment] = desfalque, apropriação indébita
The director of finance resigned after rumors of embezzlement in his department.
Misappropriation = desvio, malversação de verbas
The trustee has been accused of misappropriation by the investors.

Assim soa muito mais chique (*chic* [chik]), não?

Lembretes

• Lembre-se sempre que tanto na pronúncia britânica quanto na americana, canadense, australiana, sul-africana, escocesa, irlandesa, jamaicana etc., a palavra *money* pronuncia-se [mânî] e não [monei].

• Não devemos confundir a palavra *debit* [débit], que significa "débito, debitar", com *debt* [dét], que é uma dívida, obrigação:
The bank is authorized to debit my account to pay my debts.

• *Payee* é a pessoa ou empresa que recebe dinheiro de alguém, o beneficiário cujo nome escrevemos num cheque, por exemplo. *Payer* é a pessoa ou empresa pagadora, que dá dinheiro a alguém:
The payer pays the payee.

• Em inglês, um cheque pré-datado é um *postdated check*, um cheque pós-datado, porque se considera que o importante é que ele tenha sido escrito com uma data pós-fixada, e não que tenha sido feito numa data prévia.

VOCABULÁRIO

Contabilidade

Fizemos um curso relâmpago (*crash course*) em contabilidade, para entendermos melhor o orçamento (*budget*), o balanço (*balance sheet*) e as demonstrações financeiras (*financial statement*) da empresa.

Começamos pela escrituração (*bookkeeping*), analisando os lançamentos (*entries*) de devedores (*debtors*) e credores (*creditors*) no livro razão (*ledger*).

Depois vieram alguns fundamentos básicos (*basics*): ativos e passivos (*assets and liabilities*), contas a pagar (*accounts/bills payable*) e a receber (*accounts/bills receivable*), custos fixos (*fixed costs*) e variáveis (*variable costs*).

Também se falou do patrimônio líquido (*net assets, net worth*), dos ativos (*current assets*) e passivos circulantes (*current liabilities*), do ativo permanente (*fixed assets*) e do capital de giro (*working capital*).

Por fim, tivemos noções de fluxo de caixa (*cash flow*), receitas (*revenues, income*) e despesas (*expenses, expenditures*), depreciação (*depreciation*) e imposto de renda (*income tax*). *So much to learn...*

Finanças

Precisando de dinheiro, fomos até uma casa de câmbio (*exchange bureau*) verificar o câmbio (*foreign exchange*). A taxa (*exchange rate*) não era muito favorável e concluímos que precisávamos também sacar dinheiro (*withdraw money*).

Fomos a um caixa eletrônico (*ATM – automated teller machine, cashpoint, cash dispenser*), apertamos as teclas (*punched the keys*) com nossa senha (*password, PIN – Personal identification number*), mas o cartão estava vencido (*expired*). Nada feito (*nothing done*).

Como havíamos solicitado (*requested*) uma remessa de dinheiro (*remittance*) do Brasil via cabo (*wire transfer*), para uma conta no exterior (*offshore account*), entramos no banco e verificamos no setor de serviços ao cliente (*customer services*) se o dinheiro havia chegado.

Fomos encaminhados ao caixa (*teller, cashier*), onde tivemos de preencher um formulário (*fill a form*) e apresentar uma identificação (*piece of identification, ID*). O funcionário (*clerk*) nos entregou um canhoto (*stub*) com sua rubrica (*initials*). Pagamos uma taxa de transação (*transaction fee*) que não era reembolsável (*nonrefundable*) ou dedutível (*deductible*) e assinamos um recibo (*receipt*) pelo saque (*draft*).

Enquanto estávamos no banco, uma senhora quis aplicar seu dinheiro (*invest money*), para ir fazendo um pé-de-meia (*nest egg*) com os rendimentos (*earnings*), já pensando em sua futura aposentadoria (*retirement*). O gerente de conta (*accounts manager*) explicou que as opções seriam CDBs (*term deposit certificates*) ou títulos do governo (*treasury bonds*) de curto, médio ou longo prazo (*short / medium / long term*), onde o capital (*capital*) iria acumular juros (*accrue interest*), resultando numa boa taxa de retorno (*yield*).

Do total bruto (*gross total*) seria descontado o imposto retido na fonte (*withholding tax*) para se chegar ao total líquido (*net total*).

O Business!

Após a data de vencimento (*maturity/due date*) ela poderia renovar (*renew*) a aplicação (*investment*) ou transferi-la (*transfer it*) para fundos de investimento por cotas (*mutual funds*).

Outra opção seria o mercado de ações (*stock market*), onde ela poderia ter uma participação (*equity, stake*) em empresas, comprando ações ordinárias (*common stock, ordinary shares*) ou preferenciais (*preferred shares*), que pagariam dividendos (*dividends*). Ou contratos de opções (*option contracts*), envolvendo proteção de risco (*hedging*) e derivativos (*derivatives*).

A cliente quis então saber, de um corretor (*stockbroker*), uma previsão (*forecast*) para o mercado: se ele estaria vendedor, em baixa (*bear market*) ou comprador, em alta (*bull market*), e como seria o desempenho (*performance*) de sua carteira de investimentos (*portfolio*).

Do outro lado, também havia um casal fazendo uma solicitação (*application*) para um empréstimo bancário (*bank loan*) sem garantia (*unsecured*). Eles queriam tomar dinheiro emprestado (*borrow money*) a juros preferenciais (*prime rates*) para financiar um imóvel (*real estate*).

As taxas de juros (*interest rates*) eram fixas (*fixed-interest*) e compostas (*compound interest*), e não variáveis (*variable interest*) ou simples (*simple interest*). Mas foi exigido (*demanded*) uma garantia bancária (*collateral*), como uma hipoteca (*mortgage* [mórguidj]), pois uma simples nota promissória (*promissory note*) ou um vale (*IOU*) não seriam suficientes para assegurar o pagamento (*ensure payment*).

Para o banco emprestar dinheiro (*lend money*) era preciso ainda outra garantia de pagamento (*security, surety*) ou de um avalista (*guarantor*), além de o casal preencher outros requisitos (*meet requirements*) como renda (*income*) mínima, ter boas referências (*references*) etc. para se qualificar (*be eligible*). Well, that's capitalism.

Cofres

Para guardar títulos mobiliários (*securities*), ações (*stocks*), valores (*valuables*) e nosso rico dinheirinho, os bancos oferecem as seguintes opções:

Safe = cofre comum, em geral uma caixa pesada de metal
Safe/Safety-deposit box = cofre individual, tipo uma gaveta de metal com chave
Vault = caixa-forte de banco, composto pelos cofres individuais acima

Formas de Pagamento

Para efetuar pagamentos, temos as seguintes opções:

C.O.D. (Cash on delivery) = em dinheiro, na entrega
Card / Charge = no cartão de crédito ou débito
Cash = em dinheiro, à vista
Check / cheque = em cheque
Electronic funds transfer = por transferência eletrônica de fundos, TED
Letter of credit = carta de crédito
Money order = por ordem de pagamento
On installments = em prestações
Pre-authorized payment = por débito automático
Traveler's check = com cheque de viagem
Up front, in advance = adiantado
Wire transfer = por transferência eletrônica, via cabo, DOC, TED

Se usarmos cheques para pagamento, devemos conhecer a seguinte terminologia:

Bad check = cheque devolvido por algum motivo: fundos, assinatura, data etc.
Banker's draft = cheque de banco, cheque administrativo
Certified check = cheque visado, garantido quanto aos fundos e à assinatura
Check payable to bearer = pagável ao portador
Countersigned check = cheque contra-assinado, autenticado
Crossed check = cheque cruzado, só para depósito
Endorsed/Indorsed check = cheque endossado
Outstanding check = cheque não apresentado ainda para pagamento

To cash a check = descontar um cheque no caixa
To write a check = fazer um cheque
Void = nulo, cheque inválido

Let's talk about money

Money makes the world go round. Quando lidamos com negócios, dinheiro está sempre envolvido, de uma forma ou de outra. E é algo com o qual não podemos brincar, sob pena de amargarmos sérios prejuízos. Como não poderia deixar de ser, sendo o idioma falado no berço do capitalismo, o inglês apresenta muitos termos para se referir ao vil metal. É bom conhecermos bem essas palavras e expressões, para evitar confusão. Vejamos então alguns sinônimos de *money*.

Terminologia bancária
Currency / Money = moeda de um país
Legal tender = moeda de curso legal
Medium of exchange = meio de troca
Specie = espécie, numerário
Hard cash = moeda sonante
Hard currency = moeda forte
Bills / Notes / Paper currency = papel-moeda

Dinheiro em notas e moedas
Cash = dinheiro vivo, na forma de notas e moedas
Change = dinheiro trocado, na forma de moedas ou notas pequenas
I do have cash, what I need now is to get some change.

Dinheiro que pessoas, organizações e países possuem
Assets = bens, patrimônio
The business has enough assets to get the loan.
Finances = finanças
We should take a closer look at our finances.
Funds = fundos, verba
I'm afraid we have no funds for the promotional campaign.

Means = meios, recursos
We have the means to pay our expenses.
Resources = recursos
She is using all the resources available.
Savings = poupança, economias
All my savings are invested in this business.

Dinheiro recebido regularmente para se viver ou gastar
Allowance = mesada, ajuda de custo
I have always paid an allowance to my kids.
Benefit = benefício, auxílio
If you get fired you can claim unemployment benefits.
Income = renda, receita
Our income is high, we pay a lot of taxes.
Pension = pensão, aposentadoria
This company offers a good pension plan.
Petty cash = dinheiro de bolso para pequenas despesas
I have some petty cash for small expenses.
Pocket money = semanada recebida dos pais
My children always spend their pocket money with treats.
Revenue = receita, rendimentos
Revenues from sales are down.
Welfare = auxílio governamental
Recession increases the percentage of people on welfare.

Dinheiro pago ao ex-marido ou à ex-mulher
Alimony / Maintenance = pensão alimentícia
The worst part about getting a divorce is settling the alimony.
Dinheiro arrecadado para um propósito específico
Fund = fundo
The money raised in this fund will help the poor.
Pool = vaquinha, grupo de contribuintes
Financing for the project will come from a pool of investors.

Dinheiro pago para subornar alguém
Backhander = caixinha, cervejinha
Give him a backhander and he will make things easier for you.
Bribe = suborno
That clerk is suspected of accepting bribes.
Kickback = alta propina
Top executives received a fortune in kickbacks.

Dinheiro usado para negócios
Capital = capital
A lot of capital is required for this undertaking.
Finance, financing = financiamento
We have to get a source of finance for our products.
Funding = verba, financiamento
The funding for research will come from large corporations.
Investment = investimento visando lucro
Investments in Internet companies are huge.
Sponsorship = patrocínio
There are a series of athletes looking for sponsorship today.
Start-up financing = financiamento de novos negócios ou projetos
Banks offer start-up financing to entrepreneurs and new businesses.
Subsidy = subsídio dado pelo governo
Government is increasing its subsidy to farmers.
Venture capital = capital de risco
Venture capital has financed this risky project.
Working capital = capital de giro
After starting your business, you will need some working capital.

Termos informais para dinheiro
Bucks [bâks], ***quid*** [kuid] = dólares / libras
This item costs ten buck / quid.
Dough [dou] = bastante dinheiro, grana
She thinks he only married her for her dough.
Kitty = vaquinha
Get some money for drinks from the kitty.

Finanças

Peanuts = muito pouco dinheiro, bem menos que o esperado
I know a bunch of young professionals who would work for peanuts.
Wherewithal [uéwrui<u>dhól</u>] = recursos, meios
I don't have the wherewithal to throw a big party.

Sem dinheiro

Bankrupt [<u>bæn</u>krâpt] = falido, na bancarrota
He is just a bankrupt businessman.
Broke (informal) = duro, sem grana
Could you buy me a cup of coffee? I'm broke.
Insolvent [insólvent] = insolvente, falido
There have been rumors that the bank is insolvent.
Ruined [wrúind] = arruinado
If sales fall even further, I'll be ruined.

Pagamentos

Vivemos pagando coisas. Uma prova disso são os muitos *phrasal verbs* (locuções verbais, verbos seguidos de preposições) que existem com *pay* e os substantivos derivados que existem na língua inglesa. Como eles são semelhantes, às vezes causam confusão. Vejamos vários deles.

Pay back = pagar de volta, devolver dinheiro:
He promised to pay me back in a week the money he borrowed.

Payback = quitação de um empréstimo:
The contract has a payback clause.

Pay down = fazer um depósito:
She will pay down the first installment next week.

Paydown = quitação de parte de um empréstimo:
The paydown will be due tomorrow.

Pay for = pagar por produto ou serviço recebido:
Let's pay for the meal and get back to the office.

Pay in = depositar dinheiro em conta:
Don't worry about your balance, he has promised to pay in tomorrow.

Pay off = acabar de pagar uma dívida:
It took him only ten years to pay off his house.

Payoff = a) quitação de uma dívida; b) recompensa:
a) She has saved enough money for her car's payoff.
b) This is the payoff from our efforts.

Pay out = dar dinheiro para pagamentos:
The company usually pays out thousands of dollars in dividends.

Payout = dinheiro pago, dinheiro para ajudar uma empresa em dificuldades:
Several companies only survive on payouts from the government.

Pay up = pagar dinheiro que é devido:
They will only pay up if we take some legal action.

Vejamos também as diferenças entre os termos que usamos para definir os impostos e taxas que pagamos:

Charges = encargos, despesas:
This bill does not include services charges.

Duty = imposto que deve ser pago para se adquirir um bem ou direito:
Government usually put a high duty on cigarettes.

Fare = tarifa de passagens em geral (ônibus, trem, avião etc.):
Fares to get there are reasonable.

Fee = a) honorário profissional; b) taxa, anuidade:
a) They charge a small fee for their services.
b) There is no admission fee.

Levy = imposto, tributo, contribuição, o mesmo que *tax*:
Europeans pay a high import levy on farm products.

Royalties = pagamento por direitos de exploração de marca ou propriedade:
Professor Pardal receives royalties from his inventions.

Tariff = tarifa, preço, encargo:
Airlines are trying to reach an agreement on international tariffs.

Tax = imposto, tributo:
In Europe, it is common to charge a VAT (Value Added Tax) on goods and services.

Tuition = taxa escolar, o mesmo que *fee*:
The tuition for the course does not include any registration fee.

SINÔNIMOS AMERICANOS E BRITÂNICOS

Americano	Britânico	Português
Banking account	*Bank account*	Conta bancária
Bank teller	*Cashier*	Caixa de banco
Bucks	*Quid* (invariável)	Dólares - Libra(s)
Dollar bill	*Pound note*	Nota de dólar – libra
Check	*Cheque*	Cheque
Checking account	*Current account*	Conta corrente
Common stock	*Ordinary shares*	Ações ordinárias
Money order	*Banker's order*	Ordem de pagamento

Americano	Britânico	Português
Mutual fund	*Unit trust*	Fundo de aplicação em cotas
To exchange money	*To change money*	Trocar dinheiro
To cut in line	*To jump the queue*	Furar fila
To wait in line / line up	*To queue up*	Fazer fila
To wire	*To telegram*	Transferir eletronicamente
Traveler's check	*Traveller's cheques*	Cheque de viagem

EXPRESSÕES ÚTEIS

Cash or charge? = dinheiro ou cartão?
It's no big deal = não é grande coisa
That's very kind of you = é muito gentil da sua parte
This is peanuts = isto é uma mixaria
To chip in = fazer uma vaquinha
We can't afford this = não podemos pagar isso

CURIOSIDADES

Com relação a datas, muitos feriados na América do Norte e na Europa são móveis, sendo comemorados na segunda-feira. Até a Páscoa, que é celebrada tradicionalmente num domingo, é comemorada também na segunda-feira. Outras datas que são lembradas tanto aqui como lá, mas não nos mesmos dias são: dia dos namorados (fevereiro), dia dos pais (junho) e dia do trabalho (setembro).

Além disso, quando agendamos uma viagem de negócios, devemos atentar para os ***civic holidays***, feriados locais que variam de cidade para cidade, e para alguns feriados judaicos, que são observados por certas instituições financeiras.

Datas especiais e feriados bancários

JANEIRO

1	*New Year's Day*	USA, UK, CAN
3ª segunda-feira	*Martin Luther King, Jr. Day*	USA

FEVEREIRO

14	*Valentine's Day* (Dia dos Namorados)	USA, UK, CAN
3ª segunda-feira	*President's Day*	USA
Como no Brasil	*Ash Wednesday* (4ª feira de Cinzas)	USA, UK, CAN

MARÇO

17	*St. Patrick's Day*	USA, UK, CAN

ABRIL

6ª feira, como no Brasil	*Good Friday* (Sexta-feira Santa)	USA, UK, CAN
Domingo	*Easter* (Páscoa)	USA, UK, CAN
2ª feira após a Páscoa	*Easter Monday*	UK, CAN
Como no Brasil	*Passover* (Páscoa judaica)	USA, UK, CAN

MAIO

1ª segunda-feira	*May Day*	UK
2º domingo	*Mother's Day*	USA, UK, CAN
2ª feira antes de 25 de maio	*Victoria Day*	CAN
Última segunda-feira	*Memorial Day*	USA
Última segunda-feira	*Spring Bank Holiday*	UK

JUNHO

3º domingo	*Father's Day*	USA, UK, CAN
24	*Quebec National Day*	CAN

JULHO

1	*Canada Day*	CAN
4	*Independence Day*	USA

AGOSTO

1ª segunda-feira	*Civic Holiday*	CAN
Última segunda-feira	*Summer Bank Holiday*	UK

SETEMBRO

1ª segunda-feira	*Labo(u)r Day* (Dia do Trabalho)	USA, UK, CAN
Como no Brasil	*Rosh Hashanah* (Ano-Novo judaico)	USA, UK, CAN

OUTUBRO

2ª segunda-feira	*Columbus Day*	USA
2ª segunda-feira	*Thanksgiving Day* (Ação de Graças)	CAN
31	*Halloween* (Dia das Bruxas)	USA, UK, CAN
Como no Brasil	*Yom Kippur* (Dia do Perdão)	USA, UK, CAN

NOVEMBRO

11	*Remembrance Day*	UK, CAN
11	*Veterans' Day*	USA
4ª quinta-feira	*Thanksgiving Day* (Ação de Graças)	USA, UK

DEZEMBRO

Como no Brasil	*Hanukkah* (Festa das Luzes)	USA, UK, CAN
25	*Christmas Day*	USA, UK, CAN
26	*Boxing Day*	USA, UK, CAN

Finanças

Empréstimos ninja

Apesar do nome, eles não têm nada a ver com tartarugas ou guerreiros japoneses. Esse termo foi criado para designar os empréstimos de alto risco (*subprime loans*) concedidos a pessoas com capacidade de pagamento duvidosa, pois elas estariam na condição **NINJA**: *No Income, No Job or Assets*. Ou seja, são uns pobres coitados (*poor thing*) sem renda, emprego ou bens.

A margem de lucro (*spread*) praticada já é bem alta, e quando há atraso nos pagamentos, são cobrados ainda os juros de mora, que levam o interessante nome de *delinquent interest*.

Com um risco de calote (*default*) desses, talvez devessem mesmo é ser chamados de empréstimos "camicase", para quem gosta de fortes emoções...

Feriados

Em inglês, é mais comum referir-se aos feriados através da palavra *eve* [ív], que é a véspera da data a ser comemorada, do que ao dia do feriado em si. Assim, falamos de *Christmas eve* (24/12), *New Year's eve* (31/12) etc.

A palavra *holiday*, que vem de *holy day*, dia sagrado, para os americanos significa "feriado", mas para os britânicos é sinônimo de *vacation*, "férias". Como de qualquer maneira não se trabalha nesses dias, dá quase tudo no mesmo...

11
Situações Sociais

Situações Sociais
Restaurantes / Recepções / Coquetéis

COMPORTAMENTOS E COSTUMES

Quando tratamos de negócios, tão importante quanto as reuniões no ambiente de trabalho são as situações sociais que freqüentemente as acompanham.

Muitas vezes, interessantes contatos são mantidos e proveitosas informações trocadas enquanto estamos em restaurantes, recepções sociais e coquetéis. Às vezes é difícil saber onde o mundo de negócios termina e o mundo social começa. Tudo faz parte do *business environment*.

E como ninguém é de ferro, é comum ocorrerem situações bastante informais e descontraídas durante o convívio social. Devemos aproveitar esses momentos para tentar aprofundar nossas relações comerciais e criar um clima de intimidade com nossos contatos, o que poderá facilitar o caminho para futuras negociações.

Apresentações

Nas apresentações pessoais, tanto em situações sociais quanto em negócios, um aperto de mão firme, mantendo-se o contato visual, é sempre bem-visto. Mas, sem exageros, pois para algumas culturas orientais, por exemplo, um aperto forte demais pode ser considerado um sinal de agressividade.

Quando chegamos a um ambiente social onde haja algum tipo de comida, podemos supor que as pessoas já tenham lavado as mãos, principalmente se estiverem sentadas à mesa. Nesse caso, podemos cumprimentá-las somente com acenos de mãos e cabeça, sem insistir no aperto de mão. Caso alguém tome a iniciativa do cumprimento, então reaja com reciprocidade.

Se era você quem estava comendo ou bebendo, certifique-se de que pelo menos uma das mãos esteja limpa e seca, para não lambuzar ninguém durante os cumprimentos.

É recomendável evitar beijos, abraços e tapinhas nas costas das pessoas a quem somos apresentados. O que para nós significa calor humano, para eles pode ser constrangedor.

Os espaços individuais dos estrangeiros são geralmente maiores que o dos brasileiros. Isso é fácil de constatar quando se está em uma fila no exterior.

Notamos que a proximidade entre as pessoas é diferente, a distância guardada é bem maior. Se ficarmos muito próximos, o estrangeiro se sente muito mais incomodado do que um brasileiro. Por isso, KEEP YOUR DISTANCE.

Bate-papos

As conversas sociais são uma oportunidade de se aproximar das pessoas, conhecer algo mais sobre elas e mostrar um pouco de nós mesmos.

Numa conversa podemos demonstrar nossos conhecimentos sobre outros assuntos além do trabalho e o quanto somos interessantes pessoalmente (modéstia à parte).

É, portanto, uma ótima ocasião para praticar nosso marketing pessoal e aprendermos alguns detalhes importantes sobre as pessoas com as quais estamos negociando.

Tudo conta. Quanto mais informações obtivermos, maior será a confiança para negociarmos. Vejamos algumas dicas (*tips*) gerais para manter uma conversação interessante:

• Se a situação for de negócios, procure aparentar tranqüilidade. Comece com uma conversa amena, genérica e somente depois fale de negócios;

• Com estranhos, é sempre aconselhável iniciar uma conversação com assuntos neutros, politicamente corretos como o clima. Evite assuntos polêmicos como política e religião;

• Não se intrometa em assuntos particulares ou poderá ouvir algo como: *That's my problem, not yours*;

• Comente sobre algo comum a você e a outra pessoa, como roupas, comida, o local etc.;

• Na falta de assunto, elogie algo ou alguém que ambos conheçam;

• Demonstre senso de humor e não filosofe demais, faça frases curtas e objetivas;

• Responda às perguntas com frases completas, e não simplesmente com *yes* ou *no*;

• Procure ser sincero(a), mas não muito, se isso significar criticar alguém ou algo;

• Não interrompa e preste atenção ao que é dito, para comentar o assunto depois;

• Faça comentários que incluam algum fato recente do noticiário para mostrar-se atualizado(a);

• Se por fim, o assunto estiver chato (***boring***), mude-o. Se o(a) chato(a) for você ou a pessoa, caia na real (***get real***), dê uma desculpa (***excuse***) e saia de fininho (***sneak away***)...

Bebidas

É comum tomarmos bebidas alcoólicas durante uma relação de negócios. Nos países asiáticos, compartilhar alguns drinques locais com seus colegas mostra que você está disposto a socializar e relaxar. Recusar uma bebida é considerado deselegante. Se você não beber álcool, não recuse com um simples *no*. Para não ofender ninguém, diga que você é alérgico(a) (***allergic***) ou que está tomando alguma medicação (***under medication***) que o(a) impede de beber.

Já para a maioria dos muçulmanos, é ilegal ingerir álcool. Se você pedir ou servir bebidas alcoólicas ao se reunir com algum deles, você se arrisca a prejudicar o negócio ou toda a relação comercial.

Os povos anglo-saxões, como os americanos, canadenses, britânicos e australianos, adoram beber. Muito da cara-de-pau (*nerve*) que os homens exibem ao abordar (*approach*) as mulheres em situações sociais se deve ao fato de estarem bêbados como gambás (*drunk as a skunk, intoxicated*).

Entretanto, nesses países a venda de bebidas alcoólicas é bastante controlada com relação aos locais e horários de venda e à idade dos beberrões. Existem lojas autorizadas a vender somente cerveja, as **beer stores**. Se quisermos comprar outros tipos de bebidas alcoólicas, devemos ir às **liquor stores**, *off-licence*. Supermercados e lojas de conveniência não podem vender bebidas alcoólicas, pois não são licenciados para isso. Veja alguns termos:

Booze = gíria usada para se referir à bebida com alto teor de álcool
Liquor = bebida alcoólica, em geral destilada
Spirits = bebidas alcoólicas destiladas
Tap = qualquer bebida alcoólica tirada através de torneira, como o chope

Algumas opções de bebidas (*beverages*), para pessoas que não tomam álcool, são:

Carbonated drink, pop, soda, soft drink = refrigerante, bebida com gás
Juice, crush, squash [skuóch] = suco de frutas
Sparkling water, carbonated water, soda water = água com gás
Mineral water = água mineral
Spring water = água de fonte, de nascente
Tap water = água de torneira

Brindes

Os brindes (*toasts*) têm o objetivo de desejar bons votos (*wishes*) a um grupo de pessoas antes de beber, e variam entre as diferentes culturas. Na maioria dos países, é costume levantar o copo durante um brinde, mas devemos observar a(o) anfitriã(o) (*hostess/host*) para saber se é ou não apropriado levantá-lo.

Nos países asiáticos, o anfitrião geralmente oferece um brinde aos visitantes ou convidados (***guests***) no início da refeição e estes retribuem com um brinde ao anfitrião durante a refeição.

Nos Estados Unidos, qualquer um pode propor (***propose***) um brinde, que pode ser oferecido a qualquer membro do grupo, antes ou durante uma refeição. Na Inglaterra, entretanto, não é considerado educado propor um brinde a alguém mais velho que nós.

Dependendo do país, as regras dos brindes podem variar. É aconselhável observarmos outras pessoas do grupo para se ter certeza de como agir.

Brindar com ***cheers*** é sempre simpático. Mas, se o estrangeiro não for anglo-saxão e você quiser fazer um agrado na hora de brindar, dizendo "saúde" na língua dele, pode-se usar:

À la Santé - Francês
Cin Cin [tchintchin] - Italiano
Kâmpai - Japonês
Kanpei - Chinês
L'Chaim [lerráim] - Hebraico
Prost - Alemão
Salud - Espanhol
Saha - Árabe
Skoal - Escandinavo

Café

Quem viaja ao exterior conhece a má qualidade dos cafés servidos, os "chafés", uma mistura aguada que eles consideram café. O problema não está somente na qualidade do pó de café utilizado, mas principalmente na maneira de preparo, em que se coloca pouco café e muita água. Por outro lado, costuma-se tomar o café não com leite, mas com ***cream***, um leite mais concentrado, que teve parte de sua água evaporada para aumentar o teor de gordura até um mínimo de 10%.

Resultado: o "café" é aguado e o "leite" é concentrado. O segredo para tornar essa bebida mais agradável é obviamente misturar os dois, invertendo as quantidades com que estamos acostumados: colocando bastante café e um pouco de creme. O resultado é um café com leite que se assemelha mais com o nosso.

Se quiser tentar tomar um café decente, peça um ***espresso coffee***, o café de máquina, que é o mais parecido com o que temos aqui. Caso tenha problemas para dormir após o jantar, o ***decaffeinated*** (descafeinado) também pode ser pedido sem susto, já que o sabor é idêntico.

Alguns locais servem também um pó que eles chamam de ***whitener*** [uáitiner] (branqueador), que supostamente substituiria o leite ou creme.

Além de ter um gosto horrível, basta ler os componentes químicos na embalagem para perceber que se trata de algo como tinta em pó, totalmente artificial. Conselho de amigo: fuja dessa droga!

Hotel

Quando estamos num hotel, ao nos dirigir aos funcionários do sexo masculino, os tratamos pela sua respectiva função: porteiro (***doorman***), recepcionista (***receptionist***), carregador (***porter***) etc. Mesmo que eles sejam senhores de idade e quisermos demonstrar respeito, não os chamamos de "senhor". Eles entretanto, nos tratam por *Sir* ou *Madam*. Ao nos dirigirmos a funcionárias de sexo feminino porém, as tratamos por *Miss*, se forem jovens ou *Madam*, se forem senhoras.

No café-da-manhã, os componentes tradicionais como café, leite, chá, pães, manteiga etc. estão sempre presentes. Um costume norte-americano que se espalhou pelos hotéis no mundo é o do café-da-manhã "reforçado" (***rich***). Justificando o fato de ser o povo mais obeso do mundo, os americanos costumam comer todo tipo de comida pesada e gordurosa: lingüiça (***sausage***), ovos, bacon, presunto (***ham***), tortilha de batata (***hash browns***), panquecas (***pancakes***) com xarope (***maple syrup*** [meipôl sírup], ***sirup***) etc.

Felizmente a "geração saúde" também contra-atacou, e hoje também temos cereais com fibras, frutas, sucos e queijos brancos disponíveis no café-da-manhã.

Se o hotel oferecer um *continental breakfast*, saiba que será um café-da-manhã bem simplesinho, algo como "média, pão e manteiga (geléia)".

Ovos

Os estrangeiros, principalmente os americanos, são cheios de história (*choosy*) com relação ao preparo dos ovos. Se dissermos que queremos ovos no café-da-manhã, vão nos perguntar como os queremos. As possibilidades são:

Scrambled [skrǽmbœld] = Mexidos
Hard-boiled [rard bóild] = Cozidos
Soft-boiled [sóft bóild] = Ovo quente (gema e clara moles e com casca)
Poached [poutcht] = Pochê (cozido estrelado em água)
Omelet [ómilit] = Omelete
Fried [fraid] = Fritos, estrelados
Nesse caso, devemos ainda especificar:
Sunny side up = Ovo frito em um lado só, com a gema mole
Over easy = Ovo frito nos dois lados, com a gema dura

Refeições

Almoços de negócio, American style

Na parte inglesa da América do Norte, em geral as pessoas de negócios querem aproveitar ao máximo (*make the most of*) seus horários disponíveis. Por isso, não costumam investir muito tempo para desfrutar (*enjoy*) um bom e tranqüilo almoço de negócios.

Basta reparar na quantidade de executivo(a)s almoçando sanduíches apressadamente nos muitos locais de *fast food* espalhados pelas cidades.

No caso de nos convidarem para um *business lunch*, não estranhe se o almoço for realizado num local que mais parece um *sports bar* do que um restaurante tradicional como estamos acostumados. Muitas vezes, aquilo que chamam de "restaurante" é apenas uma lanchonete melhorada. Tudo para não "perder tempo" (e talvez ganhar uma úlcera…).

A pessoa que convida costuma tomar a iniciativa (*take the initiative* [iníchœtiv]) de pagar a conta, mas sempre pega bem se o convidado se oferecer para dividi-la, seja por educação ou para fazer um tipo...

Como resultado do pouco tempo dispensado à culinária, americanos e canadenses de origem inglesa têm muita dificuldade para nomear alguns pratos típicos de seus países. Pergunte a eles e veja como se enrolam com a resposta.

Outras diferenças entre alguns povos:

• Os japoneses em geral apreciam muito churrascarias (**grills**) tipo rodízio (***all you can eat***) quando vêm ao Brasil, pois a carne é rara e caríssima no Japão;

• Vários judeus, árabes, indianos ou paquistaneses não comem qualquer tipo de carne. Muitas vezes exigem que os animais tenham sido abatidos segundo seus costumes religiosos. Sempre pergunte antes de convidá-los para churrascarias;

• Americanos, canadenses e australianos dão mais valor à quantidade do que à qualidade da comida. Para vê-los felizes, encha seus pratos.

Enfim, quando estiver num país estrangeiro e tiver dúvidas sobre qual comportamento adotar, um bom conselho é procurar imitar algum(a) nativo(a), desde que ele(a) lhe pareça ser uma pessoa bem-educada...

Chegada e saída

Na maioria dos restaurantes, somos recepcionados por uma **hostess**, que irá nos indicar uma mesa. Não podemos ir entrando e logo sentando se houver lugar, como aqui. Lá a regra é *Please wait to be seated*.

Ao final da refeição, podem ocorrer dois hábitos estranhos: às vezes tiram os pratos antes de se terminar de comer e trazem a conta sem ninguém pedir. É a maneira indelicada de dizerem para cairmos fora (**beat it**). Além disso, todos os bares e *pubs* encerram suas atividades cedo (1 a.m. ou 2 a.m.), param de servir bebidas, acendem todas as luzes e gentilmente expulsam todos os clientes...

Horários

No exterior, as refeições são feitas, via de regra, mais cedo que no Brasil. Veja alguns horários típicos:

Situações Sociais
Restaurantes / Recepções / Coquetéis

Breakfast: entre 7 e 8 horas
Brunch: entre 10h30 e 12 horas
Lunch: entre 11 e 13 horas
Cocktail: entre 18 e 19 horas
Dinner: entre 17 e 20 horas

Porções servidas

Na Europa, em geral servem menos quantidade de comida do que estamos acostumados. Entretanto, é comum trazerem um copo de água gelada, uma cesta de pãezinhos e manteiga. Às vezes a salada é servida depois dos pratos quentes. Um vinho da casa também geralmente é servido nas refeições.

Nos Estados Unidos e Canadá, ao contrário, eles exageram no tamanho da porção (*portion, serving, helping*) de comida e na quantidade de gelo nas bebidas. Colocam mais gelo do que bebida. Também adoram colocar *ketchup* em todas as comidas.

Tipos de Preparo

Nada pior do que perguntarmos ao garçom sobre um prato do cardápio e por fim não entendermos exatamente o que vamos comer. Veja os diferentes tipos de preparo possíveis para um prato:

Baked = ao forno
Barbecued = assado no espeto
Boiled = cozido em água fervente
Broiled = grelhado
Chopped = picado
Cooked = cozido
Deep-fried = frito coberto em óleo
Diced = cortado em dois
Fried = frito
Grilled = grelhado
Ground = moído

Halved = dividido ao meio
Marinated = deixado no tempero
Mashed = amassado
Medium = no ponto
Pickled = em vinagre
Poached = fervido, pochê
Raw = cru
Rare = mal passado
Roasted = assado, tostado, dourado
Smoked = defumado
Sliced = fatiado
Spicy = temperado, picante
Steamed = no vapor
Stewed = cozido em fervura lenta, guisado, ensopado
Stuffed = recheado
Well-done = bem passado

FALSOS COGNATOS

Apology = desculpa, escusa
Apologia = *eulogy*
Please accept my apologies for being late.

Cafeteria [kæfitíria] = restaurante com balcão de auto-atendimento
Café (estabelecimento) = *Coffee shop*
Many employees have lunch at the cafeteria.

China [tcháina] = louça, porcelana
China [tcháina] = *China*
This china is not from China.

College = faculdade, escola superior, escola técnica ou profissional

Situações Sociais
Restaurantes / Recepções / Coquetéis

Colégio = *school, high school*
She is just fourteen years old, too young to go to college.

Complimentary = de cortesia
Complementar = *complementary*
Our supplier has sent these complimentary tickets for the show.

Dairy (products) = derivados do leite, laticínios
Diário = *daily*
I love dairy products for breakfast: butter, milk, cream and cheese.

Deception = fraude, trapaça, enganação
Decepção = *disappointment, disillusion*
This salesman is a master of deception.

Discrete = descontínuo, separado, distinto
Discreto = *discreet*
We don't work together, we are in discrete departments.

Disgust = nojo, aversão, repugnância
Desgosto = *sorrow, grief, displeasure*
I couldn't hide my disgust when I saw that horrible dish.

Educated = instruído, culto, com muita escolaridade ou conhecimento
Bem-educado = *polite, courteous, well-mannered*
It is easy for an educated person like you to show your skills.

Feast = banquete, festival
Festa = *party*
That restaurant is promoting a lobster feast.

Lunch = almoço
Lanche = *light lunch, snack, bite*
We always have lunch at noon.

253

Novel = romance
Novela = *story, soap opera (TV)*
I've been reading a very interesting novel these days.

Refreshments = lanches e bebidas (não alcoólicas)
Refrescos = *refreshers, cool drinks, fruit juices*
We were hungry because there were no refreshments at the workshop.

Sympathetic = solidário, compreensivo
Simpático = *nice, likeable*
He was very sympathetic when I told him about my problems.

ERROS COMUNS

Quantas pessoas?

Ao mencionar o número de pessoas para a refeição, diga por exemplo: *There are three of us, We are three, Party of three,* ou ainda *Table for three.* Nunca diga ~~We are in three~~, ou podem pensar que vocês estão pendurados numa árvore...

Receber pessoas

Quando queremos dizer que recebemos alguém socialmente, não podemos usar o verbo ~~to receive~~, com o sentido de receber pessoas. Se nos referimos a receber hóspedes ou convidados, usamos **to host, to take in,** ou **to entertain.**

No caso de visitantes, usamos **to be with,** ou **to host, to welcome** ou **to greet,** que têm o sentido de recepcionar, acolher bem.

Lembretes

• Quando nos referimos a nossos(as) filhos(as), dizemos **children** ou *child,* mesmo que eles(as) já estejam bem grandinhos(as) e até já tenham suas próprias famílias.

• *Lemon* é uma variedade de limão que quase não temos aqui. É um

Situações Sociais
Restaurantes / Recepções / Coquetéis

tipo não tão azedo, oval, maior, amarelo, com casca grossa e com muito sumo. O nosso limão é chamado *lime*. A nossa caipirinha, por exemplo, é feita com *lime*, cachaça (*white rum*) e *sugar*.

• O nosso ponto turístico no Rio, o "Pão-de-Açúcar", é chamado de *Sugar Loaf*, e não ~~*Sugar Bread*~~.

• O sabor creme é *vanilla* (baunilha), e não ~~*cream*~~.

• *Green pepper* é pimentão verde e não pimenta. *Bell pepper* ou *sweet pepper* são os pimentões de qualquer cor: verde, vermelho, amarelo ou laranja. *Black pepper* é pimenta-do-reino.

• *Marmalade* é uma geléia feita de frutas cítricas, como laranja, limão etc.

• Em português, dizemos que uma pessoa usa óculos, usa bigode, usa peruca, usa chapéu, usa brincos, usa tatuagem etc. Em inglês, o verbo usar é traduzido por *wear*, como vestir: *wear glasses*, *wear a moustache*, *wear a wig*, *wear a hat*, *wear earrings*, *wear a tattoo* etc.

VOCABULÁRIO

Fizemos uma reserva (*reservation*) para nosso grupo (*party*) num restaurante onde a especialidade era massa (*pasta*). Havia também outros pratos (*dishes*) de dar água na boca (*make the mouth water*), como, por exemplo, carne bovina (*beef*), carne de porco (*pork*), aves (*poultry, fowl* [faul]) e frutos do mar (*seafood*).

Assim que chegamos ao restaurante, esperamos pelo maître (*host*) para nos sentar (*waited to be seated*).

Deixamos nossos casacos nos cabides (*hangers*). Assim que nos sentamos à mesa, fomos cumprimentados (*greeted*) pelo nosso garçom (*waiter*), que nos passou o cardápio (*menu*) e sugeriu que pedíssemos (*order*) uma entrada (*appetizer, starter, hors-d'oeuvre*) e uma bebida (*beverage, drink*), para depois escolher o prato principal (*main course*).

Solicitamos a carta de vinhos (*wine list*) e pedimos uma água mineral com gás (*sparkling water*) e outra sem gás (*spring water*). Como somos aficionados por vinhos (*wine buffs*), pedimos para provar (*taste*) um vinho branco espumante (*sparkling white wine*), um tinto seco (*dry red wine*) e um rosé doce (*sweet rosé*) para fazermos um brinde (*toast*).

O Business!

Observamos a garçonete (*waitress*) da mesa ao lado tendo problemas com o comportamento (*attitude problems*) de um freguês (*patron*) bêbado (*drunk, intoxicated*) que insistia que não havia pedido batatas fritas cortadas em fatias (*potato chips*) e sim cortadas como palitos (*French fries*).

Imagine que ele não queria usar talheres (*cutlery*) para comer o talharim (*noodles*), queria usar pauzinhos (*chopsticks*). Por certo ele não estava sóbrio (*sober*) e iria ter uma ressaca (*hangover*) no dia seguinte.

As porções (*servings, helpings*) eram individuais (*single portions*) mas generosas (*plenty*) e sobrou comida (*leftover*) para mais uma refeição (*meal*). Não hesitamos em pedir um embrulho para viagem (*doggie bag, take-away, take-out*). Dispensamos (*skipped*) a sobremesa (*dessert, sweet*) e apenas pedimos um café descafeinado (*decaf*).

Pedimos a conta (*bill, check*) e apesar de a taxa de serviço (*service charge*) estar incluída (*included*), deixamos uma generosa gorjeta (*tip, gratuities*), pois o serviço (*service*) foi excelente.

E pelo incômodo (*inconvenient*) que o cliente bêbado havia nos causado, recebemos um comprovante de crédito (*voucher* [vautchewr]) para ser usado na nossa próxima visita (*next call*). E é claro que o usamos, pois já estávamos cheios (*fed up*) de comer refeições congeladas (*TV dinner*) e besteiras (*junk food*) na praça de alimentação (*food court*). Real food only, please!

Doces e salgadinhos

Em coquetéis e recepções sempre há doces e salgadinhos. Veja as várias palavras que representam essas delícias:

Cakes = bolos
Biscuits, cookies = bolachas, biscoitos doces
Candies, sweets = doces
Crackers = biscoitos salgados
Delicacies = iguarias finas
Doughnuts, donuts = rosquinhas fritas
Meringues = suspiros
Morsels = pedacinhos, bocados

Situações Sociais
Restaurantes / Recepções / Coquetéis

Pastries = massas
Pies = tortas
Savories = salgadinhos
Rolls = rocamboles
Tarts, tartlets = tortas pequenas
Tidbits, treats = petiscos, guloseimas

Pães

É muito comum nos confundirmos com as várias designações para os pães que existem em inglês. Veja as diferenças:

Bagel [bêiguœl] = pãozinho duro em forma de anel
Baguette, French stick/loaf = bengala, bisnaga
Bread = termo genérico para qualquer tipo de pão, inclusive o de forma
Bun = pão de hambúrguer
Kaiser roll = pão para sanduíche do tipo cachorro-quente, porém mais largo
Loaf = pão, pão de forma, bisnaga
Roll = pãozinho, pãozinho francês
Slice = fatia
Sliced loaf = pão de forma fatiado
Small roll = bisnaguinha
Soft roll = pão para cachorro-quente
Toast = torrada

SINÔNIMOS AMERICANOS E BRITÂNICOS

Americano	Britânico	Português
Apartment	*Flat*	Apartamento
Bar	*Pub*	Bar
Beer	*Ale, beer*	Cerveja
Can	*Tin*	Lata
Candies	*Sweets*	Doces

Americano	Britânico	Português
Clerk	*Shop Assistant*	Balconista
Cookies	*Biscuits*	Biscoitos
Desk clerk	*Receptionist*	Recepcionista
Draft beer	*Draught beer*	Chope, cerveja tirada de barril
Donut	*Doughnut*	Rosca, sonho (doce)
Elevator	*Lift*	Elevador
First floor	*Ground floor*	Térreo
Front desk	*Reception*	Recepção
Juice	*Crush, squash*	Suco de frutas
Liquor store	*Off-licence*	Loja de bebidas alcoólicas
Lobby	*Foyer*	Saguão
Savory	*Savoury*	Salgadinho bem condimentado
Second floor	*First floor*	Primeiro andar
Soda, pop	*Soft drink*	Refrigerante
Tidbit	*Titbit*	Petisco, guloseima
Toilet, restroom	*Lavatory, toilet, loo*	Banheiro, sanitário

EXPRESSÕES ÚTEIS

Could you wait on me, please? = Você poderia servir-me, por favor? (garçom)

Check, please = A conta, por favor

I'm having a great time = Estou me divertindo bastante

I would like you to join me for... = Eu gostaria de convidá-lo(a) para...

Let's split the bill = Vamos rachar a conta

My treat / This is on me / Let me get this = Eu pago a conta

Shame on you = Que vergonha, que feio

Situações Sociais
Restaurantes / Recepções / Coquetéis

CURIOSIDADES

Aviso de fechado

No aviso *Closed. Please call again*, que encontramos nas portas de estabelecimentos que estejam fechados, o verbo *to call* não tem o sentido de "chamar" e sim "aparecer, fazer uma visita rápida". Significa então: "Por favor, volte uma outra vez".

Rosquinhas e torradas

No café-da-manhã é costume oferecerem *French toast*. Para quem não sabe, é um pão de forma que foi embebido (*dunked*) em leite, misturado com ovo e frito. Ou seja, nada mais é do que a nossa prosaica rabanada, que não foi passada no açúcar ou na canela (*cinnamon*).

A *French toast* dos ingleses então é pior ainda, é só uma simples torrada com manteiga. Uma pobreza...

Por falar em molhar o biscoito (no bom sentido), *to dunk* "mergulhar num líquido, embeber". É aquele hábito comum de umedecer o pãozinho no café com leite antes de comê-lo, por exemplo.

Pois bem, o conhecido *Dunkin' Donuts* significa exatamente isto, rosquinhas ou sonhos (*donut*, abreviação de *doughnut*) para serem molhados (*dunking*) em alguma coisa. Meio mal-educado, não?

Sal e palitinho

Nos restaurantes na América do Norte, o saleiro em geral tem um só orifício, parecendo um paliteiro. Já o pimenteiro parece um saleiro, com vários orifícios. E o coitado do paliteiro nem existe. Os palitinhos de dente (*toothpicks*), quando houver, não ficam à mesa, e sim próximos ao caixa, junto às balinhas de menta (*mints*), anis (*anise*) ou canela (*cinnamon*).

Por isso, atenção ao usar os temperos, para não causar um "salseiro"...

Térreo e 13º andar

Como nos Estados Unidos o andar térreo é chamado de *first floor*, o primeiro andar vira *second floor* e assim por diante. Já nos países de influência britânica, o térreo é *ground floor*, o primeiro é *first floor* etc., e a ordem é normal.

Entretanto, muitos edifícios em países de primeiro mundo não possuem o décimo terceiro andar, e a numeração do elevador salta do 12º para o 14º. Isso é uma pura superstição cultural, que associa má sorte ao número 13. E depois eles é que são considerados desenvolvidos...

Temas atuais

Hoje em dia, graças à agilidade dos meios de comunicação, qualquer informação pode se propagar com enorme rapidez, independentemente de onde os fatos ocorram. Por meio da cobertura global das redes de notícias (*news networks*), eventos são retransmitidos para todos os pontos do planeta.

Assim, pode-se conversar sobre temas da atualidade, que influenciam os negócios, com as mais variadas pessoas. Uma tendência que se verifica, é que cada vez mais a economia e o meio ambiente aparecem juntos nas manchetes.

Assuntos como protecionismo, livre comércio (*free trade*), oferta pública inicial, (*IPO – Initial Public Offer*), marcação a mercado (*mark to market*) ou empresas que exploram e maltratam seus funcionários (*sweatshops*) dividem espaço com matérias sobre efeito estufa (*greenhouse effect*), biocombustíveis (*biofuels*), aquecimento global (*global warming*), sustentabilidade (*sustainability*), reciclagem (*recycling*) etc.

Procure informar-se um pouco sobre os últimos acontecimentos, pois estes provavelmente surgirão nas conversas de negócios. Para se familiarizar com os novos termos que vão surgindo, é recomendável pesquisá-los previamente na Internet, já que a linguagem empregada na rede é sempre moderna e atual.

Isso dará mais credibilidade às suas conversas, passando uma imagem de profissional moderno e "antenado" (*tuned-in*) nos últimos acontecimentos.

Conversando como gente grande

Sabemos que, quanto mais tempo nos relacionamos com nosso(a)s parceiro(a)s de negócios, maior se torna a intimidade (*intimacy*) entre nós, ainda mais entre pessoas do mesmo sexo. Em ocasiões sociais, principalmente aquelas regadas a bebidas, é muito comum falar ou ouvir sobre assuntos um pouco mais pessoais, e às vezes até um pouco picantes (*spicy, racy*).

Em qualquer cultura, quando o tema gira em torno de sexo, as pessoas naturalmente mostram-se interessadas, ainda mais quando se tratar de pessoas de diferentes origens, como no nosso caso.

Muitas vezes desejamos falar de algum fato interessante, alguma fofoca (*gossip*) de escritório, e nos falta vocabulário. Para essas ocasiões, é bom que conheçamos alguns dos termos normalmente empregados, para podermos contar corretamente nossas histórias.

Além disso, existem algumas palavras em inglês que, apesar de parecerem inocentes, dependendo do contexto em que são empregadas, podem causar mal-entendidos ou situações embaraçosas, principalmente por suas conotações sexuais. Veja alguns exemplos.

• Imagine que esteja num grupo de pessoas e uma delas se refira a alguém que está do outro lado da sala. Se você disser: *Oh yeah, I'm seeing her/him*, isto quer dizer que está saindo com aquela pessoa, que tem um relacionamento mais íntimo com ela, quem sabe até em nível sexual. Isso pode pegar mal (ou bem, dependendo da pessoa...). O correto seria dizer: *Oh yeah, I see her/him*, no sentido de que você pode vê-la;

• Um antigo e famoso filme pornô tinha o sonoro nome de *Debbie Does Dallas*, um título que parece sem sentido. Entretanto, nos Estados Unidos, *to do it* é uma gíria que significa "ter relações sexuais com". Assim, a tradução seria "Debbie Transa com o Dallas". Era justamente a história de uma líder de torcida (*cheerleader*) que tinha relações sexuais com vários jogadores da equipe de futebol americano do *Dallas Cowboys*;

• O slogan *Just do it*, de uma conhecida marca de material esportivo, ficou famoso justamente por poder ter essa dupla conotação...;

• Caso você preste serviços de ***procurement*** (agenciamento, compra de bens ou serviços), ou seja um(a) procurador(a) (***proxy, procurator***), nunca diga que você é um(a) *procurer*. Isso não significa um "procurador ou agenciador" e sim um "cáften" (*pimp*), um "aliciador de prostitutas";

• Um *sugar daddy* é um homem mais velho e bem de vida (**well-to-do**) que sustenta ou gasta muita grana com uma namorada ou amante. Danadinho...;

• Se uma pessoa nos diz *I'm feeling hot*, tanto ela pode estar com calor, quanto estar excitada, ou ambos, dependendo da situação...;

• Um preservativo, uma camisinha, chama-se *condom* [kóndóm], que não deve ser confundida com **condo** [kóndou], que é a abreviação de **condominium**, uma casa ou apartamento dentro de um complexo residencial. A palavra **rubber** também é um nome informal para a camisa-de-vênus, além de significar "borracha";

• É bom ficarmos atentos se conhecermos alguém chamado *Dick* [dik], que é uma abreviação de *Richard*, pois *dick* também é uma maneira comum de se referir ao órgão sexual masculino...

Talking about sex

Vejamos a seguir algumas palavras e expressões que podem ser úteis quando estamos conversando sobre assuntos adultos:

(Love) Affair = caso amoroso entre pessoas comprometidas ou não
Blind date = primeiro encontro romântico entre pessoas que nunca se viram antes, encontro às escuras
Fling = casinho rápido
Kinky sex = práticas sexuais excêntricas, que fogem do comum
One-night stand = encontro sexual que dura uma única noite
Pickup line = cantada
Romance = aventura amorosa
To ask someone out = convidar alguém para sair
To be dumped = levar um fora, ser descartado
To be excited, turned on, horny = estar excitado(a), estar tarado(a)
To be going steady = namorar firme
To cheat on = trair o(a) companheiro(a)

To date = sair para um encontro ou namoro
To fix someone up with = arrumar um encontro (romântico) para alguém
To fool around = fazer sexo casual
To go (out) with = sair, namorar
To get a quickie = dar uma "rapidinha" (transa)
To have a crush on = ficar gamado(a), apaixonado(a)
To have a relationship = ter um relacionamento romântico ou sexual
To have sex with = transar com
To hit on someone = dar em cima de alguém
To make a move on/pass at someone = passar uma cantada em alguém
To make love to = fazer amor com
To make out with = ficar com alguém, dar uns amassos
To be seeing someone = namorar
To stand someone up = dar o cano num encontro
Womanizer = homem mulherengo, "galinha"

Conhecendo e utilizando essas expressões, podemos tornar a nossa conversação mais interessante, além de demonstrar que sabemos falar com desembaraço sobre outros assuntos, além do trabalho.

Basta termos o bom senso (***common sense***) de usá-las nas ocasiões sociais adequadas, e com pessoas que nos dêem esse tipo de liberdade.

Com certeza, a conversação resultará mais atraente, e teremos a chance de conhecer os pontos de vista de pessoas de diferentes culturas e costumes, sobre esses assuntos que tanto prendem a atenção... *Enjoy!*

WELL, I GUESS THIS IS IT...

Ufa, chegamos ao final do livro. Esperamos que as informações aqui contidas tenham sido úteis e interessantes para você, e que tenha encontrado dicas valiosas, não somente para adquirir mais segurança ao falar inglês, como também para alcançar um melhor desempenho no mundo dos negócios internacionais.

Nosso objetivo foi transmitir conhecimentos variados, precisos e úteis, por meio de uma análise descontraída da questão das barreiras lingüísticas e culturais com que se defrontam os brasileiros ao se comunicar em inglês. Um desafio sério para todos os homens e mulheres de negócios que atuam neste mundo cada vez mais globalizado.

Quando pensamos em escrever este livro não imaginávamos que seria um trabalho tão gratificante. A cada capítulo, estávamos repletos de idéias para transformá-lo em um item indispensável para você que precisa se comunicar em inglês, dentro e fora do Brasil.

Através de pesquisas e entrevistas, procuramos passar experiências e conhecimentos acumulados por brasileiros que viveram em países onde o inglês é falado, para que você possa aprender com nossos erros, sem precisar cometê-los.

Tudo o que colocamos neste livro foi extensivamente pesquisado e reflete aquilo que de melhor pudemos obter em termos de informações e conhecimento. Agradecemos desde já se o(a) leitor(a) quiser nos enviar comentários, críticas, correções ou sugestões, para que possamos incluí-los nas próximas edições.

Acreditamos que todas as informações que ajudem os profissionais brasileiros a aperfeiçoar suas habilidades na língua inglesa serão de grande valia, por torná-los mais bem preparados para enfrentar este mercado cada vez mais competitivo.

Para você que quiser se manter atualizado e aprender mais, recomendamos também que se informe sobre os cursos específicos de inglês para negócios nas várias escolas de idiomas espalhadas pelo Brasil.

E, é claro, procure ler e consultar regularmente publicações especializadas em negócios, administração, economia e finanças, como livros, jornais, revistas, guias e dicionários específicos, tanto nacionais quanto estrangeiros.

Você pode também pesquisar os assuntos de seu interesse na Internet, que é sempre uma fonte inesgotável de informações atualizadas, muito rápida e prática de se consultar.

Se você tiver ainda a oportunidade de passar um tempo no exterior, para estudar num país onde se fale o inglês, não perca a chance, pois esta é, sem dúvida, a melhor maneira de aprender rapidamente uma língua e adquirir uma cultura estrangeira: vivenciando-as.

Para finalizar, gostaríamos de parabenizar o leitor pelo esforço e interesse demonstrados em aprender cada vez mais. Sua preocupação em aprimorar seu inglês para melhor enfrentar as oportunidades que se apresentam mostra que você é o tipo de profissional moderno, dinâmico e bem preparado que o seletivo mercado de trabalho atual exige.

E tenha a certeza de que o profissional brasileiro, quando munido do preparo e dos recursos necessários, poderá sempre se colocar entre os melhores do mundo, competindo de igual para igual com qualquer estrangeiro, em toda e qualquer área de atuação.

Lembre-se também que temos até uma vantagem competitiva, já que eles não sabem, como nós, que Deus é brasileiro. E, como dizia a propaganda, "brasileiro não desiste nunca", por isso chegaremos lá...(*We'll get there...*)

Boa sorte!

God bless you!

Teddy Lansac Moraes

Informações para contato:
Teddy Lansac Moraes
E-mail: teddy.moraes@uol.com.br
Internet: www.disal.com.br

TABELAS DE CONVERSÃO

Temperatura		
°F = °C x 9 + 32 / 5 °C = (°F - 32) x 5 / 9	Fahrenheit (°F)	Celsius (°C)
Congelamento	32°	0°
Temperatura do corpo	98.6°	37°
Fervura	212°	100°

Comprimento	
1 Polegada (*inch* [intch])	2,54 centímetros
1 Pé (*foot* [fût])	30,48 centímetros
1 Jarda (*yard* [iárd])	0,914 metro
1 Milha (*mile* [máiel])	1,609 quilômetro

Volume	
1 Galão (*imperial gallon* [gælœn])	3,785 litros
1 Galão (*UK or Canada*)	4,546 litros
1 Quartilho (*USA pint* [páint])	0,473 litro
1 Quartilho (*imperial pint*)	0,568 litro

Massa	
1 Libra (*pound* [páund])	453,6 gramas
1 Onça (*ounce* [áuns])	28,35 gramas
1 Tonelada Inglesa (*long ton* [tân])	1016 quilos
1 Tonelada Americana (*short ton*)	907,2 quilos

BIBLIOGRAFIA

AZAR, Betty Schrampfer. *Fundamentals of English Grammar*. New Jersey: Prentice-Hall, 1985.
COLLIN, Peter H. *Dictionary of Business*. Middlesex: Peter Collin, 1997.
CURTIN, John e VINEY, Peter. *Survival English*. Oxford: Heinemann, 1994
DOBLINSKI, Suzana. *Negócio Fechado – Guia Empresarial de Viagens*. Rio de Janeiro: Campus, 1997.
DOBLINSKI, Suzana. *Será que Pega Bem? – Um Guia Completo de Etiqueta no Trabalho*. Rio de Janeiro: Campus, 1999.
FERREIRA, Aurélio Buarque de Holanda. *Novo Dicionário Aurélio da Língua Portuguesa*. Rio de Janeiro: Nova Fronteira, 1986.
GODDARD, Christopher. *Business Idioms International*. Hemelhempstead: Phoenix ELT, 1995.
LANNON, Michael, TRAPPE, Tonya e TULLIS, Graham. *Insights into Business*. Essex: Longman, 1996.
MARQUES, Amadeu e DRAPER, David. *Dicionário Inglês-Português e Dicionário Português-Inglês*. São Paulo: Ática, 1987.
MASCHERPE, Mário e ZAMARIN, Laura. *Os Falsos Cognatos*. São Paulo: Difel, 1984.
PINCUS, Marilyn. *Everyday Business Etiquette*. New York: Barron's, 1996.
VINEY, Karen e Peter. *Handshake*. Oxford: Oxford University Press, 1996.
VALLANDRO, Leonel. *Dicionário Inglês-Português e Português-Inglês*. São Paulo: Editora Globo, 1999.

VÁRIOS COLABORADORES. *Berlitz – Inglês Para Viagem*. São Paulo: Siciliano, 1999.

VÁRIOS COLABORADORES. *Guia de Conversação Langenscheidt – Inglês*. São Paulo: Martins Fontes, 1999.

VÁRIOS COLABORADORES. *Language Activator*. Essex: Longman Group UK, 1996.

VÁRIOS COLABORADORES. *Merriam-Webster Collegiate Dictionary*. Springfield: Merriam-Webster, 1993.

VÁRIOS COLABORADORES. *Revista Exame e Você S.A*. São Paulo: Editora Abril, 2000 a 2007.

VÁRIOS COLABORADORES. *The Oxford Dictionary and Thesaurus – American Edition*. New York: Oxford University Press, 1996.

VÁRIOS COLABORADORES. *Wikipedia, The Free Encyclopedia*, Internet, 2008.

Índice de termos em inglês

\# number sign, pound, 96
$ dollar sign, 219
* star, 96
@ at, 203

A

ABA, American Bankers Association, 215
abbreviation, 171
absent, 137
absent-minded, 197
absolutely, 67
abstention, 174
accent, 35
acceptable, 103
accessory, 204
accidental, 67
accompany, 148
account, 154, 173, 218, 226-227, 235
accountability, 211
accounting, 154, 205, 211
accrue, 227
acme, 212
acquaint, 74
acquaintance, 74, 103
acronym, 171
act, 161
action, 137, 173
actual, 67
address, 62, 165, 170, 192
adequate, 138
adjourn, 174
adjust, 95
administration, 153, 155

advance, 112, 132, 229
advantage, 165
advantageous, 129
advertise, 139, 154
advice, 71
adviser, advisor, 173
African, 187
against, 174
agency, 152
agenda, 168, 170, 173
agree, 130
agreement, 115, 126, 130, 136, 186
ahead, 114
aide, 173
aim, 138
air, 114, 117
aisle, 114, 137
alderman, 64
ale, 257
alien, 114
alimony, 231
all you can eat, 250
all-year-round, 167
allergic, 245
allow, 136
allowance, 231
ambassador, 64
amendment, 136
American, 187-188
amount, 217
analysis, 155, 205
angry, 67
anise, 259

announcement, 138
annoy, 93
annoyance, 132
answer, 94-96
anticipate, 67, 192
anyhow, anyway, 177
apartment, 257
apologize, 168
apology, 252
appeal, 199
appearance, 148
appetizer, 255
applicant, 150
application, 132, 228
appointment, 170, 201
apprentice, aprenticeship, 150
approach, 174, 246
approximation, 205
area, 96-97, 137, 150
arrange, 172
arrival, 114-115, 172
article, 115
ASAP, 171, 212
Asian, 187
ask, 169
asleep, 52
assemble, 137
assembly, 154, 206
assertive, 169
assess, 197
assessment, 128
asset, 226, 230, 239
assistance, 92, 97, 116

assistant, 173, 258
association, 215
ATM, automated teller machine, 227
atmosphere, 126
attachment, 136
attempt, 135
attend, 95
attendant, 107
attention, 43, 127, 136
attentive, 196
attire, 104
attitude, 57, 256
attorney, 137, 176
attract, 169
audience, 192
audiovisual, 192
audit, 154
Aussie, 84
authority, 64
auto, 109, 155
automatic, 110
available, 138, 204
avoid, 81, 169
award, 136
aware, 209
away, 107, 197, 245
awful, 135
awkward, 130
axis, 204

B

B2B, business-to-business, 172
B2C, business-to-consumer, 172
backhander, 232
backslash, 203
backup, 173, 209
bad, 65, 68, 116, 135, 216, 229
badge, 137, 140
bagel, 257
baggage, 114-115, 119
baguette, 257
bail, 106

bake, 251
balance, 218, 226
ballot, 174
ballpark, 205
bank, 152, 218, 228, 235
banker, 215, 229, 235
banking, 235
bankrupt, 173, 216, 233
bankruptcy, 186
bar, 204, 249, 257
barbecue, 251
bargain, 175
barrister, 176
basic, 226
BBB, better business bureau, 172
be with, 254
bear, 219, 228
beat, 250
beef, 255
beer, 246, 257-258
bell pepper, 255
benchmark, 138
beneficial, 129
benefit, 151, 231
best-case, 205
beverage, 246, 255
bid, 129, 174
big, 157
bill, 139, 220, 226, 230, 235, 256
bill of lading, B/L, 139
billboard, 211
billing, 139, 154
billion, 224
bimonthly, 172
binder, 201
binding, 137
biofuel, 260
biscuit, 256, 258
bite, 198, 253
biweekly, 172
black, 83, 105, 187, 255
blah, 60
blank, 44

blend, 139
blind, 204
bloody, 47
blue, 83
blue-collar, 156
blur, 84
board, 114-115 128, 150, 153, 155, 157, 170, 173, 204
boardroom, 172
bobby, 119
body, 49, 59, 120
boil, 251
bona fide, 137
bonnet, 119
bonus, 151
book, 97, 132, 170, 218
bookkeeping, 226
bookstore, 68
boot, 120, 209
booth, 97, 132, 137, 140
booze, 246
bore, 173, 245
borrow, 228
boss, 149, 157
bottom, 205
bottom line, 127
bounce, 216-217
bow, 164
box, 97, 229
boyfriend, 60
branch, 152, 215
brand, 138
brave, 67
Brazilian, 210
breach, 137
bread, 257
break, 116, 127, 167, 204
break even, 174
breakfast, 249, 251
bribe, 109, 232
brief, 147, 150, 196
Brit, 84
broadband, 209

Índice de termos em inglês

brochure, 139, 147, 175, 200
broil, 251
broke, 233
brothers, bros., 171
brown, 83, 248
brunch, 251
buck, 232, 235
budget, 226
buff, 255
bug, 209
building, 151
bull, 228
bulletin board, 137
bullshit, 60
bump into, 73
bumper, 116
bun, 257
bus, 104, 210
business, 115, 130, 138-139, 161, 172-175, 249
business card, 148, 165, 200
businessman, businesswoman, businessperson, 65
busy 97
butterfly, 194
button, 140

C

C.O.D., cash on delivery, 229
C2C, consumer-to-consumer, 172
cab, 104-105, 119
cabbie, cabby, 116
cabinet, 135, 137
cable modem, 209
cafeteria, 155, 252
cake, 256
calculation, 205
call, 73, 92, 96-97, 99, 115, 157, 256, 259
call in sick, 176
camera, 210
can, 206, 257

candy, 256-257
canteen, 155
Canuck, 84
capital, 226-227, 232
car, 103-104, 115, 119, 151
carbonated, 246
card, 92, 99, 105, 134, 148, 165, 200, 210, 216, 229
cardboard, 134
care, 126
career, 150
careful, 169
caretaker, 140
Caribbean, 188
carriage, 129
carriageway, 119
carrier, 128
carry on, 42
carry out, 174
carry-on, 115
carton, 134
case, 205
cash, 106-107, 115, 227, 229-231
cashier, 227, 235
cashpoint, 227
casual, 60, 166
catalogue, 175
catch, 195
Caucasian, 187
cause-effect, 205
caution, 126
CDW, collision damage waiver, 106
ceiling, 137
cellular, 97, 200
cent, 220-223
center, centre, 119
CEO, chief executive officer, 150, 155, 157, 212
certificate, 227
certify, 229
chain, 150
chair, 157
chairman, 158, 173

chairwoman, 158
chance, 73
change, 116, 169, 173, 230, 236
chapter 7/11/13, 186
charge, 92, 96-97, 115, 217, 229, 234, 256
chart, 204
chat, chitchat, 60
cheap, 225
check, 106-107, 115, 137, 204, 216-218, 226, 229-230, 236, 256
check in, 114
check-in, 114
checkbook, 216
checking, 218, 235
cheer, 247
cheque, 229, 235-236
chic, 225
chief, 150, 155, 157
child, 254
china, 252
chip, 256
choosy, 249
chop, 251
chopstick, 256
Christmas, 238
chronological, 200
cinnamon, 259
civic, 236, 238
claim, 115, 136
clarify, 169
clash, 83
class, 117, 138
clause, 130, 136
clear, 216
clerical, 156
clerk, 150, 227, 258
clever, 134
cloakroom, 137
close, 128, 136, 165, 173
clothing, 104
clueless, 212
co-owner, 136

coach, 117
cocktail, 251
code, 96-97, 166
coffee, 248, 252
coin, 96, 220
cold, 58
collapse, 205
collar, 156
collate, 200
collateral, 228
collect, 92, 97
collection, 154
college, 252
colon, 203
color, colour, 201
come, 73, 136
comfort, 62
comfortable, 147
comma, 202, 217
comment, 169, 200
commercial, 128, 130
commitment, 201
common, 126, 228, 235, 263
commonwealth, 143
compact, 209
company, 105, 151-153, 155, 212
compensation, 136, 151
competition, 109, 138, 173
complain, 169
complement, 253
completion, 136
compliment, 61
complimentary, 253
comply, 137, 139
component, 135, 138
compound, 228
comprehensive, 150, 201
compromise, 128, 201
computer, 149, 153, 155, 201, 210
conceptual, 200
concern, 126, 151
concessionaire, 152

conclusion, 174
condo, condominium, 262
conference, 206
confidence man, 186
confidentiality, 136
confrontation, 132
congressman, 64
connect, 97, 115
connection, 96, 125, 201
constrain, 81
construct, 137
consul, 64
consultancy, 152
consultant, 150
consumption, 138
contact, 59
continental breakfast, 249
contingency, 127
contract, 130, 136-137, 228
contract out, 140
control, 115, 154
controllership, 154
convenient, 129
convention, 206
convertible, 110
conveyor, 115
cook, 251
cookie, 256, 258
cool, 194, 254
cooperative, co-op, 152
cop, 119
copy, 201, 203
cord, 204
core, 173
corner, 116
corporate, 147
corporation, corp., 153, 212
correct, 65, 85
cost, 129, 226
count on, 131
counter, 114, 137
counterfeit, 218-219
countersign, 229
coupe, 110
couple, 167

course, 151, 226, 255
courteous, 82, 253
courtesy, 157
coverage, 106
cracker, 256
crap, 60
crash, 204, 209, 226
cream, 247
creative, 205
credit, 105, 229
creditor, 186, 226
criticism, 166, 169
crook, 186, 216
cross, 96, 198, 229
crossfire, 198
crossroad, 119
crush, 246, 258
cubicle, 172
cue, 45
cupboard, 137
currency, 230
current, 67, 138, 150, 218, 226, 235
curriculum, CV, 150
curtain, 137, 204
customary, 136
customer, 154, 172, 227
customize, customise, 111
customs, 115, 132
cut back, 174
cut in, 236
cut off, 96
cutlery, 256
D
daily, 253
dairy, 253
damn, darn, 48
dash, 203
data, 155, 172, 175, 191, 201
date, 136, 201, 228
day, 167
daylight saving time, 187
daytime running lights, 108
dazzle, 58

Índice de termos em inglês

dead line, 97
dead-end, 116
deadbeat, 186
deadline, 131-132, 136
deadlock, 128
deal, 128, 165, 175
dealer, 152
dealing, 91
dean, 63
dear, 65
debit, 226
debt, 226
debtor, 226
decaffeinated, decaf, 248, 256
deception, 253
decision, 131, 168, 171, 174
decline, 205
decrease, 205
deductible, 106, 119, 227
deep-fry, 251
default, 216, 239
deficit, 211
defogger, 110
degree, 133
delay, 131
delicacy, 256
delinquent, 239
deliver, 129
delivery, 129, 139, 229
demand, 173, 228
demo, 138
dent, 116
departure, 114
deposit, 115, 218, 227, 229
depreciation, 227
depth, 137, 194
derivative, 228
description, 104, 151
design, 154
desk, 107, 115, 137, 258
desktop, 209
dessert, 256
detour, 119
develop, 138

development, 151, 154, 212
device, 108, 209
devil's advocate, 192
diagram, 204
dial, 92, 97
dial-up access, 209
dialer, 97
diary, 170
dice, 251
different, 200
digital, 209
dim, 204
dime, 220
dinner, 251
direct, 92, 96, 115, 138
director, 150, 153, 155, 157-158, 170, 173
directory, 97, 170
disable, 151
disagree, 169
disappointment, 253
disassemble, 137
discontent, 173
discount, 174
discreet, 253
discrete, 253
discussion, 135, 206
disgust, 253
dish, 255
disillusion, 253
disk, 209
dismantle, 137
dismiss, 150, 176
dispatch, despatch, 154
displeasure, 253
disregard, 199
dissatisfy, 173
distress, 99
distribute, 192
district, 150
diversion, 119
dividend, 228
do, 115, 175, 194, 227
doctor, 63
document, 175

doggie bag, 256
dollar, 217, 220-223, 235
donut, doughnut, 256, 258-259
doodle, 173
doorman, 113, 248
dormant, 218
dot, 203-204
double-check, 204
dough, 232
downsizing, 174
downstairs, 118
downtown, 119
draft, 227, 229
draft beer, draught beer, 258
draw up, 130, 136, 173
drawee, drawer, 139
drawing board, 204
dress code, 166
dressing room, 137
drink, 246, 254-255, 258
drive, 175
driver, 106, 116, 119, 209
driveway, 108
drop, 205
drunk, 246, 256
due, 136-137, 228
dunk, 259
duration, 115
dustbin, 206
duty, 115, 129, 234
DVD, digital video disk, 209

E

e-mail, 202-203
early, 168
earn, 114
earnest, 157
earning, 151, 227
ease, 147
Eastern time, 187
easy, 138
eat, 250
economic, 224

economical, 129, 224
economics, 224
economy, 117, 224
edge, 165, 198
EDI, eletronic data interchange, 172
editor, 202
educate, 205, 253
effect, 205, 260
elaborate, 199
electronic, 229
elevator, 118, 258
eligible, 228
eliminate, 200
embarrass, 66
embarrassment, 166
embezzlement, 225
empathy, 126
emphasize, emphasise, 81
employ, 150
employer, 149
employment, 151
enclosure, 136
encounter, 73
encourage, 131
endearment, 65
endeavor, endeavour, 132
endorse, indorse, 229
engage, 97
engineering, 154
England, 143
English, 163
enjoy, 194, 249
ensure, 228
enterprise, 151
entertain, 254
entrepreneur, 139
entry, 115, 218, 226
environment, 126
equal, 151
equip, 110
equipment, 71, 172, 204
equity, 228
eraser, 206
errand, 170

errant, 170
escalator, 118, 136
escape, 136
espresso, 248
esquire, 64
establishment, 188
estate, 119, 202, 228
estimate, 205
ETA, estimated time of arrival, 172
eulogy, 252
Euro, Eurozone, 220
evasion, 169, 173
eve, 239
evening, 70
event, 138
eventually, 67
every two months, 172
ex quay, ex ship, ex works, 128-129
ex-directory, 97
exceed, 107
excess, 119
exchange, 97, 165, 173, 227, 230, 236
excite, 169
exclude, 147
excuse, 75, 133, 245
exhibition, 137, 139-140
exhibitor, 137
exit, 68
expenditure, 227
expense, 173-174, 227
experience, 151
expert, 134, 136
expertise, 151
expire, 227
expiry, 136
exploit, 203
export, 128, 154
exquisite, 68
extend, 148
extension, 96, 204
extreme, 200
eye, 59, 195

eyebrow, 196
F
fabric, 149
face, 138, 191, 197
facility, 151, 204, 216
factor, 136
factory, 149, 151, 155
Fahrenheit, 133
failure, 51
fair, 137-138
fake, 218
fall asleep, 52
fare, 114, 116, 234
fast food, 249
favor, favour, 174
fax, 201
feasibility study, 174
feast, 253
fed up, 256
fee, 171, 227, 235
feedback, 42
feeling, 50, 197
fender, fender-bender, 116
fierce, 109
figure, 173, 205, 223
figure out, 33
file, 135, 186
filename, 209
filing, 135
fill, 107, 121, 192, 227
filler, 48
filling, 48, 107, 119, 139
finance, 153-154, 230, 232
financial, 157, 206, 226
financing, 232
fine, 107
fine print, 136
finish, 137
finished product, 139
fire, 150, 176
firefighter, 107
firm, 58, 151-152
first, 138, 155, 258-260
first-grade, 139
fixed, 226, 228

Índice de termos em inglês

flash drive, 210
flat, 116, 257
flatter, 61
flextime, 150
flight, 115
flipchart, 204
float, 204
floor, 137, 150, 173, 176, 258-260
flowchart, 191
fluctuate, 204
flyer, 175
focus, 126
fold, 166
folder, 175
follow up, 168
follow-up, 148
food court, 256
foot, feet, 134, 269
force, 130, 136
forecast, 228
foreign, 227
foreigner, 202
forestall, 67
forgiven, 194
form, 132, 139, 227
former, 173
fortnightly, 172
fortuitous, 67
forum, 206
forward, 67, 96, 99, 129
fowl, 255
foyer, 258
frame, 137
franchise, franchisee, franchiser, 152
frank, 169
fraud, 156
free, 92, 96, 115, 128, 139, 260
freebie, 139, 148
French, 256-257, 259
Friday, 166, 186
fridge, 137
friendship, 126

fringe benefit, 151
front, 229, 258
fruit, 254
fry, 249, 251
fuel, 113
fulfill, 132, 148
full, 104, 139
full-service, 107
full-size, 105
full-time, 150
function, 151
fund, 151, 216, 228-231, 236
funding, 232
funny, 68, 74
furnishing, 137
furniture, 71, 137

G
gadget, 204
gage, gauge, 107, 113, 119
gallon, 113, 134, 269
gap, 48
garage, 108, 114, 119
garbage, 206
gas, gasoline, 107, 119
gate, 114, 138
gather, 125, 192
gathering, 206
gear, 116
gentlemen, 63
get by, 165
get in/into/off/on/out, 118
get real, 245
get through, 96
get to know, 74
get together, 73
get used to, 110
gift, 139
girlfriend, 60
give up, 128, 194
give way, 120
giveaway, 139
global, 107, 260
GMT, Greenwich mean time, 187

go for, 186
go on, 168
goal, 126, 132
gofer, 186
good, 35, 192
good faith, 137
goods, 138
goodwill, 173
gossip, 60, 261
governor, 64
GPS, global positioning system, 107
gradual, 204
graduate, 171
grand, 223
graph, 191, 204
gratuity, 256
Great Britain, 143
green pepper, 255
green, 83, 112
greenhouse, 260
greet, 147, 254-255
greeting, 60
grief, 253
grill, 250-251
gross, 227
ground, 126, 200, 251, 258, 260
guarantee, 136, 216
guarantor, 228
guess, 205
guest, 168, 247
guide, 116
guideline, 150
gut, 50
guy, 64

H
haggle, 175
hail, 116
half, 220
hall, 137
halve, 252
ham, 248
hand out, 139
hand over, 176

279

hand, 115, 165, 169, 196, 200
handbook, 175
handheld, 204
handicap, 107
handle, 131
handout, 175, 192, 204
hands-on, 151
handshake, 58
hang up, 94, 96
hanger, 255
hangover, 256
hard, 175, 192, 209, 230, 249
hard cash, hard currency, 230
hard disk, HD, 209
hard-boil, 249
hardcover, 175
hardware, 71, 209
hash browns, 248
hasten, 168
hatchback, 110
hazard, 68
head, 150, 152
headlight, 116
headline, 199-200
headquarters, HQ, 152
heating, 110
hedging, 228
height, 137
helping, 251, 256
high, 138, 163
high-speed, 209
highway, 119
hinder, 184
hint, 37
hire, 115-116, 119, 150, 167
history, 151
hit, 111, 205
hitchhike, 103
hoarding, 211
holding, 152, 155
holiday, 120, 167, 236, 239
home, 147

honey, 65
honk, 112
hood, 119
hook, 96
horn, 112
hors-d'oeuvre, 255
host, 147, 168, 246, 254-255
hostess, 137, 246, 250
hour, 150
hug, 66
human, 153-154
humbleness, 164
hunch, 50, 197
hydrant, 107
hyphen, 203

I
ID, identification, 106, 227
immediate, 139
immigration, 115
import, 128, 154
importance, 200
impress, 204
impression, 35
improve, 138, 150
in-company, in-house, 151
inactive, 218
inch, 134, 269
inclusion, 136
income, 227-228, 231, 239
income tax, 227
incomprehensible, 130
inconvenient, 256
incorporated, inc., 153, 171
incoterms, international commercial terms, 128
increase, 204
indeed, 81
indemnity, 106
indicator, 116, 198
individual, 216, 218
industry, 155
informality, 64
information, 71, 137, 153, 155, 157

information sciences, informatics, 149
ingenious, ingeniuous, 68
initial, 137, 227
initiative, 249
input, 205, 209
inquire, enquire, 45, 91
inside information, 173
insolvent, 233
installation, 151
installment, 229
insult, 113
insurance, 106, 129
intend, 68
interest, 196, 227-228, 239
internal, 150
international, 106, 128, 172
internet, 201, 203, 209
interpreter, 137
interrupt, 169
intersection, 112, 119
intervene, 169
interview, 151
intimacy, 261
intoxicate, 246, 256
introduction, 59
intuition, 50
invest, 227
investment, 228, 232
invitation, 157
invoice, 139
invoicing, 139, 154
IOU, I owe you (some money), 172, 228
IPO, initial public offer, 260
irrevocable, 136
IRS, internal revenue service, 172
ISO, international standardization organization, 172
issue, 149, 174
IT, information technology, 149, 153, 155

Índice de termos em inglês

item, 71, 173
J
jack, 116
jack-of-all-trades, 186
jail, 109
jap, 187
jay, jaywalker, 111
jeopardize, 127
jeopardy, 100
jet lag, 52
jewelry, 71
job, 151, 239
joint, 152, 218
joke, 147, 195
judge, 64
juice, 246, 254, 258
jump, 236
junk food, 256
junk, 108
jurisdiction, 136
just, 137
K
kaiser roll, 257
kangaroo, 85
keep, 116, 194
ketchup, 251
key, 127, 199, 227
keyboard, 209
keypad, 96
keyword, 169
kickback, 232
kiss, 66
kitty, 232
Kiwi, 84
know, 72-73
knowledge, 72
L
labor, labour, 155, 173
lack, 65, 196
ladder, 118
lading, 139
lame, 133
lamp, 108
landing, 115
lane, 112

language, 49, 59
laptop, 204, 210
laser, 204
laser/inkjet printer, 210
last, 115
late, 168
lately, 69
latest, 135, 138
Latin American, Latino, 188
launch, 138
lavatory, 258
lawsuit, 106
lawyer, 176
lay off, 150
LCD, liquid crystal display, 210
lead, 109, 164
leading, 138
leaflet, 139, 175
lean, 51
lease, 174
leave, 96, 176
lecture, 168, 201, 206
ledger, 226
left, 112
leftover, 256
legal, 137, 153, 157, 230
legalese, 136
legislation, 130
lemon, 83, 254
lend, 228
length, 137
let, 119
letter, 173, 206
letter of credit, 229
level, 131, 204
leverage, 173
levy, 235
liability, 106, 136, 226
library, 68
license, licence, 106, 111, 119
licensee, 152

lie, 81
lieutenant, 69
lift, 118, 258
light, 108, 112, 116, 253
lighting, 137
likeable, 254
liking, 194
lime, 83, 255
limit, 111
limited, ltd., 152, 155, 171
limousine, limo, 105
line, 96, 114, 119, 127, 173, 199, 236
lip, 198
liquidity, 205
liquor, 246, 258
list, 192, 255
listen, 169
load, 110
loading, 137
loaf, 255, 257
loan, 228, 239
lobby, 258
local, 92
lock, 108, 137
log, login, 210
logo, 139
logoff, logout, 210
long term, 126, 227
long ton, 269
long-distance, 92, 97
loo, 258
loon, loonies, loony, 221
lorry, 119
loss, 69, 173
lost, 119
lot, 119
loud, 135
loudspeaker, 138
lounge, 115
loyal, 127
luck, 68
luggage, 72, 114-115, 119
lunch, 249, 251, 253

M

machine, 94, 96, 219, 227
mad, 67, 96
madam, 63-64, 158, 248
mail, 96, 138, 176
mailing, 138
main, 168, 192, 255
maintenance, 138, 154, 231
major, 167
make, 35, 96, 138, 147, 168, 171, 174-175, 203, 212, 249, 255
make do, 165
make face, 197
make fun, 194
make out, 139
make up, 132
man, 59, 64, 186
management, 131-132, 153-154, 157, 172
manager, 150, 227
mandatory, 108, 136
manner, 65, 253
manpower, 150
manual, 110, 156, 175
manufacture, 138
manufacturer, 151, 172
maple syrup, maple sirup, 248
march, 167
margin, 138
marinate, 252
mark, 260
marker, 204
market, 138, 154, 173, 203, 228, 260
marketing, 138, 153-154
markup, 138
marmalade, 255
maroon, 83
mash, 252
material, 139, 192
matter, 174
maturity, 228
mauve, 84

mayor, 64
MD, managing director, 150, 155, 158
meal, 256
mean, 175, 187, 231
meaning, 34
measure, 173
measurement, 137
medical, 151
medication, 245
medium, 227, 230, 252
meet, 59, 72-73, 131-132, 138, 228
meeting, 167, 172-173, 206
memo, memorandum, 170, 212
memorize, 168
memory, 210
menu, 255
merchandise, 139
merger, 174
meringue, 256
message, 96
Messenger, 99
meter, metre, 107, 116
microphone, 204
middle, 114, 200
mild, 147
mile, 113-115, 134
mileage, 113
mill, 152
milliard, 224
mimic, 36
mineral, 246
minicab, 105, 119
minority, 151
mint, 259
minutes, 174
misappropriation, 225
miscellaneous, 173
miser, 225
misprint, 173
miss, 132, 248
mistake, 116
misunderstanding, 127

mix up, 150
mix-up, 211
mobile, 97
model, 138
modem, 209
money, 72, 219, 226-231, 235
monitor, 210
monopoly, 217
more or less, 96
morsel, 256
mortgage, 228
most, 249
motion, 174
motor, 155
motorway, 119
mouth, 255
move, 197
MP, member of parliament, 64
Mr. (mister), Mrs. (mistress, missus), Ms. (miss, missus), 63, 165
multimedia, 204
music, 72
mutual fund, 228, 236

N

nail, 198
naive, 68
name, 139
nap, 51
nation, 143
Native American (Indian), 187
negotiate, 175
nerve, 246
nest egg, 227
net, 226-227
New Year, 239
newly, 167
news, 72, 202, 260
newsstand, 114
next, 256
NGO, nongovernmental organization, 152

Índice de termos em inglês

nice, 148, 254
niche, 173
nickel, 220
nigger, 187
night, 70
ninja, 239
nod, 58
noise, 135
nonpayment, 216
nonprofit, not-for-profit, 152
nonrefundable, 227
nonscheduled, 115
nonsense, 60
nonstop, 115
noodle, 256
Northern Ireland, 143
notary public, 136
note, 130, 168, 170, 204, 228, 230, 235
notebook, 175, 204, 210
nothing, 227
notice, 202
novel, 254
now, 115
NSF, nonsufficient funds, 216
number, 96, 119, 215, 227

O

obligation, 136
odd, 68
odometer, 113
OEM, original equipment manufacturer, 172
off, 96, 167, 176
off-licence, 246, 258
offend, 81
offender, 108
offense, offence, 113
offer, 115, 260
office, 152, 155, 173, 186
officer, 65, 109, 115, 150, 155, 157
off-licence, 246, 258
offline, 210

offshore, 227
OHP pen, 204
oil, 107
ok, okay, 85, 195
omelet, 249
on-the-job, 151
one-way, 116, 119
online, 210
operate, 138
operation, 153, 157
operator, 92, 97
opportunity, 151
opposite, 200
option, 228
order, 114, 139, 154, 229, 235, 255
ordinary, 228, 235
organization, organisation, 150, 152, 172
organizational, 153
organizer, 204
oriental, 187
ounce, 134, 269
out of order, 114
outdoor, 108, 211
outgoing, 96
outlet, 138, 152
outline, 199
outperform, 138
output, 139, 205
outsource, 138
outsourcing, 139
outspoken, 169
outstanding, 229
over easy, 249
overdraft, 216
overdraw, 216
overhead, 173, 201, 204
overnight, 107
overseas, 92
overtime, 173
own, 139
owner, 216

P

pace, 195

Pacific time, 187
packaging, packing, 139
pad, 173, 176, 204
paid, 129, 136, 167
palmtop, 204
pamphlet, 175
pancake, 248
panel discussion, 206
paper, 173, 175, 198, 206, 230
paperback, 175
pardon, 75
parent, 68, 152
parking, 107, 119
part, 138-139
part-time, 150
participate, 138
partner, 136, 138
partnership, 136, 153
party, 106, 126, 136, 140, 253, 255
pass, 113, 219
passbook, 218
passport, 115
password, 210, 227
pasta, 255
pastry, 257
patron, 149, 256
pattern, 49
pause, 195
pavement, 119
pay, 96, 116, 151, 233
pay back, 233
pay down/ for/ in/ off/ out/ up, 233
payable, 226, 229
payback, paydown, payoff, payout, 233
payee, payer, 226
payment, 228-229
payroll, 154
PC, personal computer, 210
peak, 204
peanut, 233
pedestrian, 110

283

pen drive, 210
penalty, 136
pence, penny, 220
pending, 149
pension, 151, 154, 231
people, 64, 151
pepper, 255
per pro, 137
perception, 50
perfect tenses — past, present and future, 77
performance, 138, 151, 228
period, 217
peripheral, 210
perk, 104, 204
permit, 107
perquisite, 104
person, 65, 92, 97, 186
personal, 62, 97, 115, 150, 210, 218
personnel, 150
persuade, 127
pet name, 84
petrol, 107, 119
petty cash, 231
phone, 92, 96-97, 200
phony, 61, 218
photocopy, 201, 203-204
photostat, 203
phrasal, 233
physical, 104
physician, physicist, 69
pick up, 73, 96
pickle, 252
pickup, 110
pie, 204, 257
piece, 71, 227
PIN, personal identification number, 92, 227
pint, 134, 269
pips, 96
place, 115
plain, 163
plan, 127, 137, 150-151
planning, 154

plant, 149, 152, 155
plate, 111, 119
player, 138
PLC, public limited company, 152, 155
plead, 219
please, 165
plenty, 256
plug, 138
plug-and-play, 210
plummet, plunge, 173
poach, 249, 252
pocket, 231
podium, 204
point, 127, 168, 195, 199
pointer, 197, 204
police, 149, 219
policeman, policewoman, 65, 116
policy, 149
polite, 57, 253
political, 65
poll, 138
pool, 104, 231
poor, 239
pop, 73, 246, 258
pork, 255
porter, 113, 248
portfolio, 228
portion, 251, 256
posh, 144
position, 150, 173, 176
post, 173, 176
postdate, 226
postpone, 174
potato chip, 256
poultry, 255
pound, 96, 134, 217, 220, 235, 269
power of attorney, 137
power, 110, 137
powerful, 138
PR, public relations, 154
pre-authorize, 229
precaution, 136

predict, 192
prefer, 228
preference, 114
prejudice, 69
premise, 152
premium, 109
prepaid, 92, 114
present perfect, 77-78
presentation, 147, 201, 204, 206
president, 63
pressure, 168
pretend, 69
prevent, 108
previous, 138
price, 136
prime, 228
prime minister, premier, 63
print, 116, 136, 217
printer, 204, 210
privilege, 216
procedure, 115, 130
proceed, 126
proceeding, 137
procurator, 261
procurement, 157, 261
product, 138-139, 154, 253
production, 153
professional, 171
professor, 63
profit, 138, 150, 152, 173-174
profitability, 205
profitable, 129
projector, OHP, 204
promissory, 228
promotion, 154
proper, 125
property, 119
proposal, 139
propose, 174, 247
proposition, 139, 169
proprietary, 155
proprietorship, 152
pros and cons, 200

Índice de termos em inglês

prospect, 139
protection, 186, 216
provide, 138
proxy, 261
pub, 250, 257
public, 136, 152, 154-155, 260
publisher, 202
pull, 69, 75-76, 109
pump, 107
punch, 227
punctual, 168
punctuality, 65
purchase, 154
purpose, 127
push, 69, 75-76

Q

quality control, 154
quarrel, 135
quarter, 220
quarterly, 173
Québécois, 84
question, 83, 148, 169, 192, 198
queue, 114, 119, 236
quid, 232, 235
quid pro quo, 144
quotation, 139
quote, 139, 173

R

R&D, research & development, 154, 212
racy, 261
railroad, railway, 119
raise, 95, 148, 169
ramp, 118
random, 205
range, 138
rapport, 126, 195
rare, 252
rate, 96, 115-116, 227-228
raw, 139, 252
reach, 126, 171, 197, 204
read, 192
reading, 202

ready, 192
real, 157, 228, 245
real estate, 228
realize, 116
really, 81
rearview mirror, 112
reason, 173
reasonable, 138
rebate, 174
reboot, 210
recap, 174, 200, 212
receipt, 114, 224, 227
receivable, 226
receive, 154
receiver, 96
reception, 201, 258
receptionist, 248, 258
recipe, 224
record, 99, 148
recruitment, 154
rectify, 127
recycling, 260
red, 216, 255
refer, 200
reference, 228
refresher, 151, 254
refreshment, 254
regard, 163
regardless, 161
regional, 150
register, 136
registration, 132
regulation, 139
reimbursement, 114
relative, 68
relax, 194
relevant, 45
reliable, 138
rely, 186
remain, 81, 92
remark, 95, 149
remittance, 227
remuneration, 151
renew, 228
rent, 115, 119

rental, 115, 200-201
replace, 143
report, 148, 176
representation, 152
representative, 152, 154
Republic of Ireland, Eire, 143
request, 148, 227
requirement, 137-138, 228
rescind, 136
rescue, 116
research, 154, 212
reservation, 255
resignation, 173
resource, 153-154, 192, 231
restless, 197
restroom, 258
restructuring, 150
result, 149
resume, 202
résumé, 150
retail, 173
retailer, 174
retain, 192
retirement, 227
retreat, 127
return, 119
revenue, 172, 227, 231
reverse, 92, 97, 116, 203
review, 127
reward, 132
rich, 248
ride, 103
right, 57, 111, 136, 186, 195
right-hand man, 186
ring, 97
road, 116
roaming, 99
roast, 252
rob, 225
rocket, 204
roll, 257
room, 137, 147
rough, 205
round, 119, 167, 205

royalty, 235
rubber, 206, 262
rubbish, 60, 206
rude, 59
ruin, 233
rule, 33
rum, 255
run, 73, 96, 108
rush, 116, 168

S

sack, 176
safe, safety-deposit box, 229
safety, 108
salary, 151
sales, 108, 150, 154
sales representative, rep, 154
salesman, saleswoman, salesperson, 65
sample, 139
sausage, 248
savings, 218, 231
savory, savoury, 257-258
scale, 167
scanner, 115, 210
scenario, 205
schedule, 114, 119, 130, 137, 170, 192
school, high school, 253
Scotland, 143
Scots, 84
scramble, 249
scratch, 116
screen, 151, 204, 210
script, 94
seafood, 255
seat, 114, 255
seating, 114
second, 258, 260
secretary, 155
security, 115, 228
sedan, 110
select, 151
self-employed, 139

self-service, 107
seminar, 206
senator, 64
seniority, 167
sense, 60, 62, 263
senseless, 67
sensibility, 127
service, 99, 107, 109, 116, 118-119, 154, 172, 200, 217, 227, 256
serving, 251, 256
set, 128, 139
settle, 163
setup, 210
sexual harassment, 61
shade, 137, 204
shake, 59
shape, 192
share, 150, 173, 228, 235
shareholder, 173
sharp, 134
sheet, 175-176, 226
shelf, 137
shift, 150
ship, 100, 128-129
shipment, 154
shipping, 129
shop, 119-120, 252, 258
short, 227
short ton, 269
shot, 138, 157
shoulder, 116
shuffle, 173, 198
shuttle, 103, 117-118
sidewalk, 119
sight, 74
sign, 96, 104, 136-137, 219
signal, 99, 112, 116, 195
signature, 135, 137
silence, 81
simple, 228
simple past, 77-78
simplicity, 194
Singapore, 135
single, 119, 256

sir, 63, 248
sit, 198
skill, 132, 150-151
skip, 256
Skype, 99
skyrocket, 173
slang, 195
slash, 203
slice, 252, 257
slot, 96
slowdown, 204
small, 60, 116, 127, 257
smart, 134
smile, 59
smoke, 252
snack, 253
sneak away, 245
snobbish, 144
snooze, 51
so-so, 96
soap opera (TV), 254
sober, 256
social, 103
socket, 138
soda, 246, 258
soft, 246, 257-258
soft-boil, 249
soften, 166
software, 72, 201, 204, 210
sole, 152
solicitor, 176
solid, 204
solution, 201
somehow, someway, 177
somewhat, somewhere, 177
soon, ASAP, 171, 198
sorrow, 253
sorry, 75
sort of, 96
SOS, save our ship/souls, 99-100
space, 62, 118
spare, 139
sparkling, 246, 255
speak, 64, 135, 169

specialization, 151
specie, 230
specification, specs, 130, 139
specify, 136
speculate, 83
speech, 206
speed, 111, 204, 209
speedometer, 113
spell, 93
spicy, 252, 261
spirit, 246
sponsorship, 232
sport, 249
spot, 107, 139
spread, 198, 239
spreadsheet, 205
spring, 246, 255
squash, 246, 258
stable, 204
staff, 150
stair, 118
stake, 228
stand up, 58
stand, 116, 119, 132, 137, 140, 147
standard, 115, 139, 172
staple, 200
star, 96
stare, 59, 197
start, 108, 131
start-up, 232
starter, 255
state, 138, 199, 202
state-of-the-art, 138
statement, 199, 206, 218, 226
station, 92, 107, 119, 219
station wagon, 110, 119
stationery, 173, 206
stay, 107, 115
STD code, subscriber trunk dialer, 97
steady, 204
steal, 225

steam, 252
steering wheel, 110
step, 126, 128, 173
stew, 252
stick, 110, 257
stingy, 225
stock, 139, 173, 228, 235
stockbroker, 228
stockholder, 173
stomach, 194
stop, 104
stopover, 115
storage, 137
store, 246, 258
storehouse, 153
storeroom, 137
story, 254
straight, 127
strange, 68
stranger, 202
strategy, 126
street, 103, 116
stress, 33, 81
stub, 227
stuff, 252
subcontract, 140
subject, 169, 199
subprime, 239
subscriber, 95
subscription, 135
subsidiary, 153
subsidy, 232
subway, 119
success, 68
suck up, 61
sudden, 205
sue, 137
sugar, 255
suitable, 138
summary, 174, 202
summit, 206
sundry, 173
sunny side up, 249
superintendent, 140
supplier, 138, 174

supply, 148, 155, 173
support, 192
sure, 195
surety, 228
surplus, 211
survey, 138
sustainability, 260
sweatshop, 260
sweet, 255-257
sweet pepper, 255
sweetheart, 65
swindler, 186, 216
swing, 198
switch, 204
switchboard, 97, 155
sympathetic, 201, 254
symposium, 206
system, 107, 155

T

table, 191
tackle, 174
tag question, 83
tail, 116
take in, 254
take on, 150
take-away, 256
take-off, 115
take-out, 256
takeover, 174
talk, 60, 127, 206
talkative, 116
tap, 203, 246
target, 132, 138
tariff, 235
tart, tartlet, 257
taste, 255
tax, 114, 173, 227, 235
taxi, taxicab, 104-105, 116, 119
taximeter, 116
technology, 149, 153, 155
teleconference, 95
telegram, 236
telephone, 97
telephonist, 97

tell, 147
teller, 227, 235
tenant, 69
tender, 230
tentative, 135
term, 65, 126, 131, 136, 227
terminate, 136, 150, 176
thank-you note, 130
theme, 148
thing, 126, 239
think, 127
third party, 140
third-party, 106
thousand, 224
thrill, 195
ticket, 107, 114, 119
tidbit, titbit, 257-258
tight, 225
time, 92, 114-115, 126, 168, 196
time zone, 52, 186
timetable, 114, 119, 131
timing, 50, 169
tin, 257
tip, 116, 244, 256
tire, tyre, 107, 116, 119
title, 62, 151
toast, 246, 255, 257, 259
toilet, 258
token, 93
toll, 92, 96, 116
toothpick, 259
topic, 192
total, 227
touch, 65, 198
tough, 198
tour, 116
tourist, 117
tow, 107, 109
town, 119
trade, 136-137, 139, 152, 155, 175, 260
trademark, 35, 139
traffic, 112, 116
train, 150-151, 154

trainee, 150
training, 150-151, 154
transaction, 227
transfer, 115, 227-229
transit number, 215
translate, 147
transparency, OHT, 127, 201, 204
trash, 206
traveler, traveller, 106, 229, 236
treasury, 154, 227
treat, 257
trend, 140
trespass, 113
trial, 135, 139
trial-and-error, 205
tricky, 127, 191
truck, 110, 119
trunk, 97, 120
trust, 126, 236
tryout, 139
tube (London), 119
tuition, 235
tune-in, 260
turn, 112, 116
turnkey, 138
turnover, 173
turnpike, 116
TV dinner, 256
typo, 173

U

UK, United Kingdom, 143
ultimately, 69
unanimous, 174
underground, 119
underline, 203
underscore, 203
understand, 68
understanding, 201
undertaking, 152
undivided, 43, 127
union, 155
unit trust, 236
unleaded, 109

unlisted, 97
unload, 137
unsecured, 228
up front, 229
update, up-to-date, 211
upstairs, 118
USB, universal serial bus, 210
UTC, universal time, coordinated, 187
utility, 110

V

vacant, 198
vacation, 120, 167, 239
vague, 81
valuable, 228
van, 110
vanilla, 255
variable, 226, 228
vault, 229
VCR, video cassette recorder, 204
vending machine, 219
venture, 152, 232
venue, 192
verb, 77, 233
videoconference, 167, 210
virgule, 202-203
visa, 115
visit, 147, 150
visitor, 147
voice mail, 96
void, 136, 230
Voip, voice over internet protocol, 99
vote, 174
voucher, 256
VP's, vice president, 157

W

wage, 151
wait, 115, 236, 255
waiter, 255
waitress, 256
waiver, 136
wake-up call, 97

Índice de termos em inglês

Wales, 143
walk, 148
wandering, 170
warehouse, 149, 153-154
warm, 66, 260
warning, 115
warranty, 139
washer, 107
wasp, white, Anglo-Saxon, protestant, 188
water, 246, 255
wave, 104, 116, 198
way, 64, 111, 115-116, 119-120, 161, 200
wear, 255
web cam, 210
web site, 203
weekly, 115
weird, 68
welcome, 254
welfare, 231
well, 194
well-done, 252
well-mannered, 253
well-to-do, 262
Welsh, 84
West Indian, 188
wet, 58
what-if analysis, 205

whatever, whatsoever, whichever, 177
wheel, 110
where, 116
wherewithal, 233
whisper, 147
white, 81, 187-188, 255
white-collar, 156
whiteboard, 204
whitener, 248
wholesale, 173
wholesaler, 174
wi-fi, 210
width, 137
wild, 205
willing, 150, 195
window, 114
windshield, windscreen, 107, 120
wine, 255
wiper, 204
wire, 227, 229, 236
wireless, 204, 210
wish, 246
withdraw, 227
withdrawal, 218
withholding tax, 227
witness, 137
work, 150

worker, 150, 156
working capital, 226, 232
workplace, 166
works, 152, 155
workshop, 152, 206
worldwide, 138
worst-case, 205
worth, 226
write, 128, 130, 218, 230
writing pad, 176
wrong way, 116
www, world wide web, 172

X
x-ray, 115
xerox, 203

Y
Yankee, 84
yard, 134, 269
yawn, 198
year, 167, 239
yellow, 105, 187
yes-man, 59
yield, 120, 127, 227
yokel, 186

Z
zero, 95
zigzag, 112
zone, 52, 62, 187

Índice de termos em português

\# sinal de número, "jogo da velha", 96
$ cifrão, 219
* asterisco, 96
@ arroba, 203

A
a par, 209
abastecimento, 107
abatimento, 174
abordar, 174, 246
aborrecimento, 132
abraço, 66
abrangente, 150, 201
abreviação, 171
abstenção, 174
acabar, 137, 139
ação, 173, 228, 235
acaso, 68, 73
aceitável, 103
acelerar, 204
acenar, 116, 198
aceno, 58
acertar, 130
acesso, 209
acessório, 204
achados e perdidos, 119
acionista, 173
acolher, 254
acompanhamento, 148
acompanhar, 148, 168, 176
acordo, 126, 136, 175, 201
acostamento, 116
acostumar, 110
açúcar, 255
acumular, 227
adequado, 125, 138
adiantado, 114, 229
adiante, 219
adiar, 174
administração, 153, 155, 157
adormecer, 52
advogado, 176, 192
aérea, 114, 117
afastar, 197
aficionado, 255
afinidade, 126, 195
afirmação, 199
africano, 187
agência, 152, 215
agenciamento, 261
agenda, 170, 204
água, 246, 255
alavancar, 173
alcançar, 197, 204
aleatório, 205
alegar, 219
alérgico, 245
alfândega, 115, 132
algarismo, 223
algum, 167, 177
alimentação, 256
almoço, 249, 251, 253
almoxarifado, 153
alta, 228
alternativo, 127
alto, 135, 138, 163
alto-falante, 138
altura, 137
alugar, 115, 119
aluguel, 115, 200-201
amarelo, 105, 187
amassado, 116
amassar, 252
ambiente, 126
ambulatório, 155
ameno, 147
americano, 188
amiga/amigo, 60
amizade, 126
amostra, 139
análise, 155, 205
anexo, 136
anfitriã, 246, 250
anfitrião, 168, 246
anis, 259
ano, 167, 239
anotação, 168, 204
antecedência, 132
antecipar, 67
antenado, 260
anterior, 138, 173
antigüidade, 167
anúncio, 138
apagador, 204
apanhar, 72-73
aparecer, 73
aparência, 148
apartamento, 257
aperfeiçoar, 138
apertar, 227
aperto, 58

apoio, 192
apologia, 252
apontamento, 170
aposentadoria, 227
apresentação, 59, 147, 201, 204, 206
apresentar, 229
apressar, 168
aproveitar, 194, 249
aproximação, aproximado, 205
aquecimento, 110, 260
ar livre, 108, 211
área, 97, 115, 137, 150
argumentar, 173
armário, 137
armazém, 149, 154
armazenador, 210
armazenazem, 137
arquivo, 135, 209
arranhão, 116
arredondar, 205
arrendar, 174
arriscar, 127
arroba, 203
arruinar, 233
assado, 251-252
assédio, 61
assegurar, 228
assembléia, 206
assento, 114
assessor, 173
assim que possível, 171, 198, 212
assinante, 95
assinar, 137
assinatura, 135, 137
assistente, 173, 185
associação, 215
assunto, 149, 169, 174, 199
asterisco, 96
ata, 174
atacadista, 174
atacado, 173
atenção, 43, 95, 127, 136,
  195
atender, 138-139, 228
atento, 196
aterrissar, 115
atingir, 205
atividade, 173-174
ativo, 226
atraso, 131, 168
atropelamento, 111
atual, 67, 138, 150
atualização, 151
atualizado, 211
audiência, 192
audiovisual, 192
auditoria, 154
ausente, 137, 167, 176
australiano, 84
auto-atendimento, 107, 252
auto-estrada, 119
automático, 110
automobilístico, 155
autônomo, 139
autoridade, 64
autorização, 107
auxílio, 92, 97, 116, 231
avaliação, 128
avaliar, 197
avalista, 228
ave, 255
avisar, 115, 176
aviso, 202
azar, 68
azul, 83

B

bagagem, 72, 114-115, 119
baia, 173
baixa, 228
baixo, 118
balançar, 198
balanço, 206, 226
balcão, 114-115, 137
balconista, 258
banca, 114
banco, 215, 217-218, 228, 235
banda larga, 209
banheiro, 258
banqueiro, 215, 235
banquete, 253
bar, 249-250, 257
barra, 202-204
barriga, 194
barulho, 135
bastante, 136, 256
batata, 248, 256
bate-boca, 135
bate-papo, 60
batida, 116
baunilha, 255
bêbado, 246, 256
bebida, 246, 255, 258
beijo, 66
bem de vida, 262
bem passado, 252
beneficiar, 173
benefício, 151, 231
bengala, bisnaga (pão), 257
bens, 138, 230, 239
benzinho, 65
besteira, 60
biblioteca, 68
bilhão, 224
bilhete, 119
bimestral, 172
biocombustível, 260
biscoito, 256, 258
bloco, 173, 176, 204
boa-fé, 137
bobagem, 60
bocado, 256
bocejar, 198
bolacha, 256, 258
bolo, 256
bolsa, 173
bom senso, 263
bomba, 107
bombeiro, 107
bonde, 103
bônus, 151
bordo, 129

Índice de termos em português

borracha, 206, 262
braçal, 156
braço direito, 185
branco, 187
branco mental, 44
branco, Anglo-saxão, protestante, 188
branqueador, 248
bravo, 67
breve, 196
brinde, 139, 148, 246, 255
britânico, 84
bruto, 227
buzina, buzinar, 112

C
cabeça fria, 194
cabide, 255
cabine, 97
cabo, 227
cachaça, 255
CAD/CAM, 153
caderno, 175
café, 248-249, 252, 256
caipira, 186
cair, 205, 245, 250
caixa, 107, 134, 227, 235
caixa-forte, 229
caixinha, 232
calçada, 108, 119
calibrar, 107
calma, 194
caloroso, 66
calote, 216, 239
caloteiro, 186
câmbio, 110, 227
câmera, 210
caminhão, caminhonete, 110, 119
canadense, 84
candidato, 150
canela, 259
canguru, 85
canhoto, 227
capa, 175
capital, 226-227, 232

capô, 119
cara-de-pau, 246
cardápio, 255
careta, 197
cargo, 150, 173, 176
Caribe, caribenho, 188
carinho, 65
carne, 255
carona, 103-104
carregador, 113, 248
carreira, 150
carroceria, 120
carta, 157, 229, 255
cartão, 92, 99, 105, 134, 148, 165, 200, 210, 216, 229
cartaz, 211
carteira, 106, 228
cartório, 136
casual, 166
catálogo, 170, 175, 200
causa-efeito, 205
causar, 35
cautela, 126
cavalete, 204
cavalheiro, 63
ceder, 127
cedo, 168
celular, 97, 200
centavo, 220-223
central, 97, 155
centro, 119, 155
certamente, 67
certificado, 227
certo, 195
cerveja, 246, 257-258
chamada, 92, 96-97, 99, 115
chamativo, 199
chato, 245
chave, 169
chefão, 157
chefe, 150
chegada, 115, 172
chegar, 126, 136
cheio, 256

cheque, 79, 215-218, 226, 229-230, 235-236
chique, 225
chope, 258
chumbo, 109
churrascaria, 250
chute (suposição), 205
cifrão, 219
cima, 118
Cingapura, 135
circulante, 226
cívico, 236
classe, 117, 138, 188
cláusula, 130, 136
cliente, 139, 154, 172, 227
cobertura, 106
cobrança, 154
cobrar, 92, 96-97
cochilo, 51
código, 92, 96-97, 166, 186, 227
cofre, 229
coisa, 126
coitado, 239
colarinho, 156
colégio, 253
colorido, 201
combustível, 113
começar, 131
comentário, 95, 169, 200
comercial, 130, 136
comercializar, 138, 175
comércio, 260
comida, 249, 256
compacto, 209
compensação, 215
competição, 109
complementar, 253
completar, 96
completo, 139
complicado, 191
componente, 138
comportamento, 57, 256
composto, 228
compra, 154

compreensivo, 201, 254
comprimento, 137
compromisso, 170, 201
comprovante, 256
computador, 201, 204, 209-210
comum, 126
comunidade, 143
conceder, 136
conceitual, 200
concentrar, 126
concessão, 128, 201
concessionária, 152
conclusão, 136
concordata, 186
concorrência, 138, 173
condomínio, 262
conectar, 210
conexão, 115, 201, 204, 210
conferência, 201, 206
conferir, 137
confiança, 126
confiar, 186
confiável, 138
confirmar, 204
conflito, 83
conforto, 62
confronto, 132
confundir, 150
confusão, 211
congestionamento, 112
congressista, 64
conhecer, 72-74
conhecido, 74, 103
conhecimento, 72, 139, 151
conjunto, 128
conselho, 71, 157
constranger, 66, 81
constrangimento, 166
cônsul, 64
consultor, 150
consultoria, 152
consumo, 138
conta, 154, 218, 226-227, 235, 256

contabilidade, 154, 205, 211
contar, 131, 147
contato, 59, 125
continuar, 42, 202
contínuo, 204
contra, 174
contra-assinatura, 229
contramão, 116
contratar, 150, 167
contrato, 115, 130, 136-137, 228
controladora, 155
controladoria, 154
controle, 115, 154
convenção, 206
conveniente, 129
conversa, 60, 127
conversação, 127, 206
conversão, 112
conversível, 110
convidado, 247
convite, 157
cooperativa, 152
cópia, 201, 203, 209
coquetel, 251
corpo, 49, 59
corporação, 153, 212
corredor, 114, 137
correio, 96, 176
corrente, 218, 235
correto, 65, 85
corretor, 228
cortar, 251
cortês, 82
cortesia, 157, 253
cortina, 137, 204
costurar, 112
cotação, 139, 173
cozido, 249, 251
crachá, 137, 140
crédito, 105, 115, 216, 229, 256
credor, 226
creme, 247

crescer, 204
criativo, 205
crítica, 166, 169
cronograma, 130
cronológico, 200
cru, 252
cruzamento, 112, 119
cruzar, 198, 229
cuidadoso, 169
cuidar, 95
cume, 212
cumprimentar, 147, 255
cumprimento, 60
cumprir, 131-132, 137, 148
cupê, 110
currículo, CV, 150
curso, 151, 226
curto, 227
curvar, 164
custo, 129, 226

D

dado, 155, 172, 175, 191, 201, 205, 209
data, 136, 201, 228
DDD, 96-97
débito, 226
decepção, 253
decidir, 132
decisão, 131, 168, 171, 174
declinar, 205
decolagem, 115
decorar, 168
dedutível, 227
deficiente, 107, 151
déficit, 211
defumado, 252
degrau, 118
deixa, 45
delegacia, 219
demissão, 173
demitir, 150, 176
demonstração, 138, 226
depósito, 115, 137, 218, 227
depreciação, 227
deputado, 64

Índice de termos em português

derivativo, 228
desacelerar, 204
descafeinado, 248, 256
descarregar, 137
descer, 118
descobrir, 33
desconectar, 210
desconsiderar, 199
descontente, 173
desconto, 174
descrição, 104, 151
desculpa, 75, 133, 168, 245, 252
desculpe, 75, 80
desembaçador, 110
desempenho, 138, 151, 228
desenvolver, 138, 199
desenvolvimento, 154, 212
desfalque, 225
desfrutar, 249
desgosto, 253
desinteresse, 196
desistir, 194
desligar, 94, 96
deslumbrar, 58
desmontar, 137
despachar, 114
despacho, 129
despencar, 173
despesa, 173-174, 227
desvio, 119, 225
devedor, 226
devido, 137
dia, 167, 239
diagrama, 204
diário, 253
dica, 37, 244
diferente, 200
difícil, 175, 192, 198
digital, 209
digitalizador, 210
diminuir, 205
dinheiro, 72, 106, 115, 219, 226-234, 236
diplomado, 171

direção, 110
direcionar, 96
direito, 112, 136, 185, 235
direto, 92, 96, 115, 127, 138
diretor, 150, 155, 157, 173, 212
diretoria, 150, 153, 155, 157, 170, 172-173
diretriz, 150
discador, 97
discar, 92
disco, 209
discordar, 169
discreto, 253
discurso, 201, 206
discussão, 135, 206
disparar, 173, 204
dispensar, 256
dispersivo, 197
disponível, 138, 204
disposição, 150, 204
dispositivo, 108, 209
disposto, 192
distraído, 197
distribuir, 139, 192
diverso, 173
dívida, 226
dividendo, 228
dividir, 252
dizer, 76
dobrar, 166
doce, 255-257
documento, 106, 175
doido, 221
dois pontos, 203
dólar, 217, 220-222, 232, 235
dono, 216
doutor, 63
duplicata, 139
duração, 115
DVD, vídeo disco, 209
E
e-mail, 202-203

economia, 224
econômico, 129, 224
editor, 202
educação, 65
educado, 57, 253
efeito, 205, 260
eixo, 204
elaborar, 174
eletrônica, 172, 229
elevador, 118, 258
eliminar, 200
elogio, 61
embaçar, 84
embaixador, 64
embalagem, 139
embarque, 114-115, 129, 139, 154
embrulho, 256
emenda, 136
emitir, 139, 218, 230
emocionar, 195
empatar, 174
empatia, 126
empenho, 132
empreendedor, 139
empreendimento, 151-152
emprego, 151, 239
empresa, 151-153, 155, 212, 260
emprestar, 228
empréstimo, 228, 239
empurrar, 69, 75-76
encaminhar, 99
encarar, 59, 191, 197
encargo, 234
encerrar, 173
encontrar, 59, 72-73
endossar, 229
enfatizar, 81, 195
enfrentar, 138
engano, 116
enganoso, 127
engenharia, 154
engenhoca, 204
engenhoso, 68

engraçado, 74
entediado, 173
entender, 68
entendimento, 136
entrada, 115, 255
entrega, 129, 139, 229
entregar, 129
entrevista, 151
entusiasmar, 169
equipado, 110
equipamento, 71, 172, 204
equipar, 110
errante, 170
errata, 173
erro, 173
escada, 118
escala, 115
escalonar, 167
esclarecer, 169
escocês, 84
Escócia, 143
escrito, 128, 130
escritório, 152, 155-156, 172
escrituração, 226
escurecer, 204
esguichador, 107
esnobe, 144
espaço, 62, 118
esparramar, 198
especialização, 151
espécie, 230
especificação, 130, 139
especificar, 136
espelho, 112
esperar, 255
esperto, 134
esporte, 249
esquina, 116
esquisito, 68
estabelecer, 173
estacionamento, 119
estado, 202
estagiário, estágio, 150
estande, 132, 137, 140

estável, 204
esteira, 115
estender, 148
estimativa, 205
estoque, 139
estourar, 216
estrangeiro, 114, 202
estranho, 68, 74, 130, 202
estratégia, 126
estrutura, 137
estudo, 174
estufa, 260
etapa, 126
Euro, 220
evento, 138
eventual, 67
excluir, 147
executivo, 150, 157
exibição, 137, 140
exigência, 137
exigente, 249
exigir, 228
expedição, 154
expediente, 150
experiência, 151
experimental, 135
explorar, 203
exportação, 128, 154
exposição, 139
expositor, 137
extensão, 96, 204
exterior, 227
extrato, 218
extremidade, 198
extremo, 200

F
fábrica, 149, 151, 155
fabricante, 151, 172
fac-símile, 201
fácil, 138
facilidade, 204
faculdade, 252
fadiga, 52
Fahrenheit, 133
faixa, 112

falante, 116
falar, 64, 135, 169
falência, 173, 186
falhar, dar pau, 204, 209
falir, 173, 216, 233
falsificação, 218
falso, 61, 218-219
falta, 65, 196
familiar, 84
familiarizar, 74
farol, 108, 116
fatia, 256-257
fatiar, 252, 257
fator, 136
fatura, 139
faturamento, 139, 154
favor, 174
faz-tudo, 186
fazer, 175, 212, 230
fechado, 259
fechar, 128, 165
feira, 137
feriado, 236-239
férias, 120, 167, 239
feroz, 109
ferrovia, 119
ferver, 252
ficha, 93
fiel, 127
figurão, 157
fila, 114, 119, 236
filho, 254
finalizar, 174
finalmente, 67, 69
finanças, 230
financeiro, 153-154, 157
financiamento, 232
fio, 204, 210
firma, 151-152
firmar, 136
firme, 58
firmeza, 169
físico, 69
flutuar, 204
fluxo, 227

Índice de termos em português

fluxograma, 191
fofoca, 60, 261
fogo, 198
folga, 176
folha, 138, 155, 175-176
folheto, 139, 175
fora, 250
força maior, 136
formar, 150
formulário, 132, 139, 227
fornecedor, 138, 174
fornecer, 148
foro, 206
fortuito, 67
fotocópia, 201, 203-204
fotocopiar, 203
fracasso, 51
franco, 169
franqueado, franqueador, 152
franquia, 106, 119, 152
fraude, 156
frente, 229
frentista, 107
frigobar, 137
frio, 194
fritar, 249, 251
frutos do mar, 255
fugir, 81, 169
função, 151
funcionário, 115, 227
fundamento, 226
fundo, 151, 205, 216, 228-231, 236
furgão, 110, 119
furioso, 67, 96
fusão, 174
fuso, 52, 186

G
galão, 113, 134, 269
galês, 84
gama, 138
gancho, 96
garagem, 108, 114
garantia, 136, 139, 216, 228
garçom, 255
garçonete, 60, 256
gasolina, 107, 119
gasosa, 246, 255
geléia, 255
gema, 249
gerência, 131, 153-154, 172
gerencial, 132
gerenciamento, 172
gerente, 150, 227
gíria, 195
giro, 226, 232
gorjeta, 116, 256
governador, 64
GPS, 107
Grã-Bretanha, 143
graça, 194
gradual, 204
gráfico, 191, 204
grampear, 200
grana, 232-233
grande, 105
gratuito, 92, 96
grau, 133
grelhar, 251
guia, 116
guinchar, 107, 109
guincho, 109
guisado, 252
guloseima, 257-258

H
habilidade, 132, 151
hardware, 71, 209
hatchback, 110
hidrante, 107
hífen, 203
hipoteca, 228
hipótese, 205
honorário, 171
hora, 115, 170, 173
horário, 114, 116, 119, 137, 150, 168, 172, 187
hortelã, 259
humildade, 164

I
ianque, 84
ida e volta, 119
identificação, 106
igualdade, 151
iguaria, 256
iluminação, 137
ilustríssimo, 64
imediato, 115, 139
imigração, 115
imitar, 36
imóvel, 228
impasse, 128
impedir, 108, 184
importação, 128, 154
importância, 200
importante, 168
imposto, 115, 129, 227, 234-235
impressão, 35, 173
impressionar, 204
impressora, 204, 210
imprimir, 217
inadimplência, 216
inativo, 218
incentivar, 131
inclinado, 50
incluído, 256
inclusão, 136
incômodo, 256
incompreensível, 130
incoterms, 128
indenização, 106, 136
independente, 161
indicador, 197, 204
indício, 198
índio, 187
individual, 152, 218, 256
indústria, 155
informação, 71, 91, 137, 150, 173
informal, 166
informalidade, 64
informática, 149, 153, 155

infrator, 108
ingênuo, 68
Inglaterra, 143
inicial, 260
inicialização, 209
iniciativa, 249
inquilino, 69
inscrição, 132
insolvente, 233
inspeção, 115
instalação, 151, 210
instruído, 253
insulto, 113
interesse, 126
internacional, 92, 128, 172
internet, 201, 203, 209-210
interno, 150
intérprete, 137
interromper, 169
interrupção, 127
interruptor, 204
interurbano, 92, 97
intervalo, 48
intervir, 169
intimidade, 261
intuitição, 50
investimento, 228, 232
investir, 227
IPO, oferta pública inicial, 260
Irlanda, 143
Irlanda do Norte, 143
irmão, 171
irrequieto, 197
irrevogável, 136
irritante, 93
ISO, 172
item, 168, 173

J
janela, 114
jantar, 251
jarda, 134, 269
jeito, 165
jogo-da-velha, 96
jóia, 71

juiz, 64
juntar, 73, 125, 192
jurídico, 136, 153
jurisdição, 136
juro, 227-228, 239

K
ketchup, 251
kiwi, 84

L
lábio, 198
lançamento, 138, 218, 226
lanche, 253-254
lanchonete, 155, 252
lanterna, 108, 116
laptop, 204, 210
largura, 137
laser, 204, 210
lata, 206, 257
laticínio, 253
latino-americano, latino, 188
legal, 137, 230
legislação, 130
leitura, 202
ler, 192
letra miúda, 116, 136
levantamento, 138
levantar, 58, 147-148, 169
libra, 134, 217, 220, 232, 235, 269
licença, 176
licitação, 129
lidar, 131
líder, 138
liderar, 164
ligação, 92, 96
ligar, 96-97, 108
limão, 83, 254-255
limitada, 152, 155, 171
limite, 111, 216
limusine, 105
linguagem, 49, 59
linguajar, 163
lingüiça, 248
linha, 96-97, 199

liquidez, 205
lisonjear, 61
lista, 97, 170, 192
listar, 97
livrar, 106
livraria, 68
livre, 128, 260
livro razão, 226
lixeira, 206
lixo, 60, 206
local, 92, 115, 166, 192
locução verbal, 233
logotipo, 139
loja, 246, 258
lotado, 104
lousa, 204
lucrativo, 152
lucro, 138, 150, 174

M
macaco (carro), 116
mais ou menos, 96
maître, 255
mal passado, 252
mal-entendido, 127
mala direta, 138
maldito, 47-48
malva, 84
manchete, 199-200
manter, 194
manual, 110, 175
manutenção, 138, 154
mão, 58, 115-116, 128, 165, 169, 196
mão-de-obra, 150, 173
mapa, 137
máquina, 71, 219
marca, 35, 139, 235
marcação, 195, 260
marcador, 204
marcar, 170, 173
marcha, marcha a ré, 116
março, 167
margem, 138, 239
marketing, 138, 153-154
massa, 255

Índice de termos em português

matéria-prima, 139
material, 139, 173, 175, 192
matriz, 152
medicação, 245
médico, 69
medida, 137, 173
medidor, 113, 119
médio, 227
meio, 114, 230
meio-termo, 200-201
melhorar, 150
memorando, 170
memória, 210
mensagem, 96
mentira, 81
mercado, 138, 154, 173, 203, 228
mercadoria, 139
mesa-redonda, 206
mesada, 231
meta, 126, 132
metrô, 119
mexer, 173, 198
mexido, 249
microcomputador, 204
microfone, 204
mil, 223
milha, 113, 134
milhagem, 113-115
mineral, 246
minoria, 151
mistura, 139
mobília, 71, 137
moção, 174
modelo, 138
modem, 209
modo, 64, 161, 200
moeda, 96, 220, 230
moído, 251
mole, 249
molhado, 58
molhar, 259
momento, 50, 169
monitor, 210
montagem, 154

montar, 137, 139
mordomia, 104, 204
motorista, 116, 119
mudar, 169
muito, 135
multa, 107
multimídia, 204
mundial, 138
muquirana, 225
música, 72

N
nação, 143
nada feito, 227
namorada, namorado, 60
natal, 239
navio, 100, 128-129
necessidade, 138
negociar, negociação, 175
negócio, 91, 115, 128, 138-139, 161, 165, 172-175, 232
negro, 187
nicho, 173
ninja, 239
níquel, 220
nível, 131
nivelar, 204
noite, 70
nome, 84
nota, 130, 220, 228, 230, 235
notícia, 72, 202
novela (TV), 254
novinho, 138
nulo, 136, 230
número, 173, 205, 215

O
objetivo, 138
objeto, 115
obrigação, 136, 226
obrigado, 80
obrigatório, 108, 136
observação, 149
ocorrer, 168
ocupado, 97

odômetro, 113
ofender, 81
ofensa, 113
oferta, 115, 173-174, 260
oficina, 114, 119-120, 152
ok, 85, 195
óleo, 107
omelete, 249
onça, 134, 269
onde, 116
ônibus, 103-104
opção, 228
operação, 153
operar, 138
opinião, 59
oportunidade, 151
oposto, 200
orçamento, 226
ordem, 154, 229, 235
ordinária, ordinário, 228, 235
organização, 150, 152, 172
organizacional, 153
organizar, 200
organograma, 153
oriental, 187
oscilar, 204
ouvir, 169
ovo, 249

P
padrão, 50, 139
padronização, 172
pagamento, 228-229, 233-235
página, 105
pago, 129, 167
painel, 114
pais, 68
País de Gales, 143
palanque, 204
palavra, 150, 169, 173, 176
palito, 256, 259
panfleto, 175
panqueca, 248
pão, 255, 257

299

pão-duro, 225
papel, 173, 175-176, 198, 206, 230
papelão, 134
pára-brisa, 107, 120
pára-choque, 116
parceiro, 136
parceria, 136
parente, 68
parquímetro, 107
participação, 150, 228
participante, 138
participar, 138
partida, 114
passagem, 114
passar, 150, 176, 219
passeio, 115
passivo, 226
passo, 128
pasta, 175, 201
patrão, 149
patrimônio, 202, 226, 230
patrocínio, 232
pauta, 168, 170, 173
pauzinho, 256
pavilhão, 137
pé, 134, 269
pé-de-meia, 227
peça, 139
pechincha, pechinchar, 175
pedágio, 116
pedestre, 111
pedido, 99, 255
pedir, 212
pegar, 96
pensão, 231
pensar, 127
pequeno, 116, 127
perceber, 116
percepção, 62
perdão, 75, 80
perder, 132
perdoar, 194
pergunta, 83, 169, 192, 198
perguntar, 45, 169

periférico, 210
perigo, 68, 100
periodicamente, 196
perito, 134, 136
permanecer, 81
permanência, 115
permanente, 226
permitir, 136
pernoite, 107
personalizar, 111
persuadir, 127
perua, 110, 119
pesquisa, 138, 154
pessoa, 65, 92, 150, 186, 216
pessoal, 62, 115, 150, 210, 218
petisco, 257-258
piada, 147, 195
picante, 252, 261
picar, 251
pimenta-do-reino, pimentão, 255
placa, 104, 111, 119, 137
planejamento, 154
planilha, 205
plano, 127, 150-151
pneu, 107, 116, 119
pochê, 249, 252
poder, 121
polegada, 134, 269
polícia, 149
policial, 65, 109, 116, 119
política, 149
politicamente, 65
ponte aérea, 117
pontilhado, 204
ponto, 104, 116, 119, 127, 152, 203, 217, 252
pontual, 168
pontualidade, 65
por favor, 57, 165
por fora, 212
por um lado, 200
porção, 251, 256
porcaria, 60

porcelana, 252
porco, 255
porta-malas, 120
portão, 114, 138
portar, 219
porteiro, 113, 248
posto, 107, 119
potente, 138
poupança, 218, 231
prancheta, 204
prateleira, 137
prática, 130, 151
prático, 151
prato, 255
praxe, 115, 136
prazo, 126, 131-132, 136, 227
pré-autorizado, 229
pré-datado, 226
pré-estipulado, 116
pré-pago, 92, 114
precaução, 126, 136
preço, 136
preconceito, 69
prédio, 151
preencher, 48, 139, 192, 227
prefeito, 64
preferência, 114, 120
preferencial, 228
prejuízo, 69, 173
prêmio, 109
preparado, 192
presidenta, 158
presidente, 63, 157, 173
presidir, 157
pressentimento, 50, 197
pressionar, 168
prestação, 229
prestar, 136
presunto, 248
pretender, 68
pretérito, 77-78
prever, 67, 192
previsão, 228

Índice de termos em português

primeira, 138-139
primeiro, 258-260
primeiro-ministro, 63
principal, 157, 168, 192
prisão, 109
proceder, 126
procedimento, 115
processar, 137
processo, 106
procuração, 137
procurador, 261
produção, 139
produto, 138-139, 154
professor, 63
profissional, 171
profundidade, 137, 194
programa, 72, 201, 204, 209-210
programar, 115
projetor, 204
promissória, 228
promoção, 154
pronto, 138
propaganda, 139
propor, 174, 247
proporcionar, 138
propósito, 127
proposta, 139, 169
prós e contras, 200
prospecto, 139, 147, 200
proteção, 228
provar, 255
provisório, 135
publicidade, 154
público, 136, 138, 152, 155, 260
puxar, 61, 69, 75-76, 109

Q

quadro, 137
qualidade, 139, 154
qualificar, 228
qualquer, 177
quantia, 217
quartilho, 134, 269
quebra, 137
quebrado, 204
quebrar, 116, 127
querido, 65
questão, 148
quinzenal, 172
qüiproquó, 144

R

rabanada, 259
rabiscar, 173
raios X, 115
ramo, 173
rampa, 118
ranhura, 96
razoável, 138
reação, 42
reajuste, 136
real, 67, 222, 245
realmente, 67
recado, 96, 170, 186
recapitular, 174, 200, 212
receber, 114, 147, 254
recebimento, 154
receita, 172, 224, 227, 231
recém, 167
recepção, 201, 258
recepcionar, 254
recepcionista, 137, 248, 258
receptor, 96
recheado, 252
recibo, 114, 224, 227
reciclagem, 260
recinto, 137, 152
reclamação, 169
recomeçar, 202
recompensa, 132
recrutamento, 154
recurso, 153-154, 192, 231, 233
redator, 202
rede, 150, 172, 260
redigir, 130, 136
reduzir, 174
reembolsável, 227
reembolso, 114

reengenharia, 174
reestruturação, 150
refeição, 256
refeitório, 155
referência, 138, 200, 228
reforçado, 248
refresco, 254
refrigerante, 246, 258
regional, 150
registrar, 35, 99, 136, 139, 148
registro, 210
regra, 33
regulamento, 139
reiniciar, 210
Reino Unido, 143
reitor, 63
reivindicar, 136
relacionamento, 172
relações, 154
relatório, 148, 176
relaxar, 194
relevante, 45
remarcar, 95
remessa, 227
remuneração, 151
renda, 227-228, 231, 239
rendimento, 231
renovar, 228
rentabilidade, 205
renúncia, 136
representação, 152
representante, 152, 154
reputação, 173
requintado, 68, 144
requisito, 228
rescindir, 136
rescisão, 136
reserva, 255
reservar, 132
resolver, 163
respeitado, 163
responsabilidade, 106, 211
ressaca, 256
restante, 92

resultado, 149, 205
resumir, 147
resumo, 202
reter, 192
retificar, 127
retirada, 218
reunião, 167, 172-173, 206
revisão, 127
rígido, 209
risco, 228, 232
rodízio, 104, 250
roer, 198
romance, 254
rosca, 256, 258-259
roteiro, 192
roubar, 225
roxo, 83
rua, 116
rubrica, 137, 227
rude, 59
ruim, 116
rum, 255

S
S.O.S., 99-100
sacado, sacador, 139
sacar, 227
saguão, 115, 258
saída, 68, 116
sair, 194, 245
sala, 147, 172
salário, 151
saldo, 218
salgadinho, 257-258
sanitário, 258
saque, 216, 227
saúde, 247
secretaria, 155
secretária, 94, 96
sedan, 110
sede, 152
segurança, 115
seguro, 106, 129
selecionar, 151
sem, 96
semáforo, 112

semanada, 231
semanal, 115
seminário, 206
senador, 64
senha, 227
senhor, 63, 248
senhora, 63-64, 248
senhorita, 63, 248
sentar, 198, 255
sentido, 34, 60, 67
sentimento, 50
sermão, 168
serviço, 99, 107, 109, 116,
    118, 200, 227, 256
seta, 116
setorial, 150
sexta-feira, 166
sigilo, 136
sigla, 171
silêncio, 81
simpatia, 194
simpático, 148, 254
simples, 163, 228
simplicidade, 194
simpósio, 206
sinal, 96
sincronizar, 212
sindicato, 155
sistema, 107, 155
sítio (internet), 203
sobra, 256
sobrancelha, 196
sobremesa, 256
sóbrio, 256
social, 103
sociedade, 153
sócio, 136, 138
socorro, 99, 116
soletrar, 93
solicitação , 228
solicitar, 91, 148, 227
sondar, 83
soneca, 51
sonegação, 173
sorriso, 59

sotaque, 35
Sr., Sra., Srta., 63, 165
suavizar, 166
subcontratar, 140
subir, 118
súbito, 205
suborno, 109, 232
subsidiária, 153
subsídio, 232
substituir, 143
substituto, 173
subterfúgios, 169
successo, 68
suco, 246, 258
superar, 138
superávit, 211
suprimento, 155
suspiro, 256
sussurrar, 147
sustentabilidade, 260

T
tabela, 191
talão, 216
talher, 256
tarifa, 96, 114, 116, 217,
    234-235
tato, 127
taxa, 114-115, 227-228,
    235, 256
táxi, 104-105, 116, 119
taxímetro, 116
tecido, 149
tecla, 227
teclado, 96, 209
tela, 204, 210
teleconferência, 95
telefone, 96-97, 200
telefonista, 92, 97
tema, 148
temperar, 252
tempo, 92
tendência, 140
tenente, 69
tentativa, 135, 205
terceirização, 139

Índice de termos em português

terceirizar, 138-139
terceiros, 106, 139
terminar, 136
termo, 65, 136
térreo, 258-260
tesouraria, 154
teste, 139
testemunha, 137
teto, 137
título, 199, 227-228
tocar, 65, 198
tomada, 138
tomar, 168, 170, 173, 228, 249
tonelada, 269
tonicidade, 33
tópico, 192
torneira, 246
torrada, 257, 259
torta, 204, 257
tortilha, 248
total, 227
trabalhador, 150, 156
trabalho, 166
traduzir, 147
traje, 104
tranqueira, 108
transação, 227
transferência, 99, 115, 227-229, 236
trânsito, 116
transparência, 127, 201, 204
transportador, 128
transporte, 129
traseira, 116
tratamento, 62-63, 158, 165,
tratar, 95, 165, 175, 192
trava, 108, 137
travessão, 203
treinamento, 151, 154

tributo, 235
trimestral, 173
troca, 172, 230
trocar, 116, 165, 175, 236
troco, 116, 230
turno, 150

U
última, 115, 138
ultimamente, 69
ultrapassar, 107
um tanto, 177
unânime, 174
unha, 198
usar, 255
usina, 152
uso, 114

V
vaga, 107
vago, 81, 198
vale, 172, 228
valente, 67
valer, 157
valor, 228
vantagem, 165
vantajoso, 129
vapor, 252
vaquinha, 231-232
varejista, 174
varejo, 173
variar, 173
variável, 226, 228
vaso, 258
veículo, 115, 151
velocidade, 111, 195
velocímetro, 113
vencer, 227
vencimento, 136, 228
venda, 108, 154
vendedor, 65, 150
verba, 173, 232
verbo, 77, 233
verde, 83, 112

vereador, 64
verificar, 107
vermelho, 83, 216
vespa, 188
véspera, 239
vestiário, 137
vestir, 166
vez, 126
via, 227
viabilidade, 174
vice-presidente, 157
videocassete, 204
videoconferência, 167, 210
vigarista, 186, 216
vigente, 130, 136
vinagre, 252
vinho, 255
vírgula, 202, 217
visado, 229
visar, 138
visita, 147, 256
visitante, 147, 168
vista, 74
visto, 115
vocês, 63-64
voip, 99
volante, 110
voltar, 259
volume, 173
vontade, 147, 195
vôo, 115
votação, 174
voto, 174, 246

W
www, 172

X
xarope, 248
xérox, 203

Z
zelador, 140
zero, 95
zona, 62, 220

Este livro foi composto nas fontes Minion, Scala e TheSans
e impresso em julho de 2008 pela Palas Athena Gráfica
sobre papel offset 75g/m^2